Ueber die Anlage und Einrichtung von ländlichen Kartoffel-Branntwein-Brennerei-Gebäuden

nach den

in neuerer Zeit bei diesen Bau-Ausführungen gemachten Erfahrungen

von

F. A. Eytelwein,

Geheimem Ober-Bau-Rath in den Ministerien des Königl. Hauses und der Finanzen.

Mit 4 Zeichnungen.

Berlin,
gedruckt und verlegt bei G. Reimer.
1836.

Vorrede.

Es fehlt nicht an Anleitungen und Abhandlungen über die neuesten Methoden, aus Kartoffeln Branntwein und Spiritus zu gewinnen; über die Lage, Einrichtung und Größe der dazu erforderlichen Räume, wie sie zur Förderung des Geschäfts, nach dem jetzigen Standpunkte dieses Gewerbes, am zweckmäßigsten und vortheilhaftesten erscheinen, sind indeß nur hin und wieder Andeutungen darin enthalten, so daß es, wenn auch nicht grade schwer, doch wegen des öfteren Aufsuchens und Nachlesens in verschiedenen Büchern zeitraubend ist, diejenigen Bemerkungen herauszuziehen, welche man bei den Bau-Anlagen zu jenem Zwecke zu beachten wünscht.

Der Verfasser schmeichelt sich daher mit der Hoffnung, nicht nur den Baumeistern, sondern auch den Branntweinbrennerei-Besitzern einen den erwähnten Gegenstand betreffenden willkommenen Ueberblick zur Benutzung bei der Anlage neuer, oder der Einrichtung alter Gebäude für die Branntwein- und Spiritus-Fabrication nach den neuesten Methoden zu geben, wenn er theils die Erfahrungen und Ansichten Anderer darüber, theils die eigenen Erfahrungen in der gegenwärtigen kleinen Schrift in gedrängter Kürze zusammengestellt hat, zumal die in früherer Zeit im Druck erschienenen Anleitungen zum Bau der Branntweinbrennerei-Gebäude nach dem damaligen Stande des Gewerbes jetzt doch mancher Aenderung unterliegen.

Alle vorkommenden Maaße und Gewichte beziehen sich auf die gesetzlichen preußischen.

Berlin im Mai 1836.

F. A. Eytelwein.

Inhalt.

Erster Abschnitt.

Allgemeine Grundsätze über die Lage, Größe und Einrichtung der Malz- und Brennerei-Räume und Geräthe.

Zweiter Abschnitt.

Anwendung der allgemeinen Grundsätze auf einen gegebenen Fall.

Druckfehler.

Seite 27	Zeile 18	v. u.	statt Lande lies Sande
— 29	— 12	v. u.	st. in denselben l. in dem Dampffasse
— 31	— 12	v. o.	st. Werk l. Werg
— 51	— 15	v. o.	st. solcher l. solches
— 51	— 16	v. o.	st. derselbe l. dasselbe
— 61	— 14	v. u.	st. 1 bis 3 l. 3
— 61	— 12	v. u.	st. 1 bis 4 l. 4
— 61	— 10	v. u.	st. 1 bis 5 l. 5
— 76	— 8	v. o.	st. von l. vor
— 76	— 13	v. u.	st. fortgesetzten l. festgesetzten
— 97	— 12	v. o.	st. Maischbottig l. Quellbottig
— 98	— 13	v. u.	st. Maischküben l. Maischkübel
— 98	— 11	v. u.	st. dieselbe l. derselbe
— 104	— 5	v. u.	st. Maischfaß l. Waschfaß
— 107	— 10	v. o.	st. Küben l. Kübel

Erster Abschnitt.

Allgemeine Grundsätze über die Lage, Größe und Einrichtung der Malz- und Brennerei-Räume und Geräthe.

§. 1.

Die immermehr zunehmende Branntwein- und Spiritus-Fabrication aus Kartoffeln und die durch die Concurrenz herabgesetzten Preise dieser Fabricate machen es nothwendig, daß die Anstalten zu deren Erzeugung von ganz vorzüglicher Beschaffenheit sein und umsichtigen Händen anvertraut werden müssen, um mit den geringsten Administrations-Kosten den größtmöglichsten Ertrag zu erzielen, weil unter andern Umständen sonst nicht nur kein Vortheil, sondern sogar noch Schaden daraus hervorgehen kann, wie dies die Erfahrung schon gelehrt hat, wo die Besitzer von Branntweinbrennereien bei dem Betriebe derselben kaum mehr als die Schlempe zum Futtern des Viehs und diese bei hohen Kartoffel-Preisen nur für theuren Preis übrig hatten.

Man ist deshalb in neuerer Zeit bemüht gewesen, den Brennereien eine solche vervollkommte Einrichtung zu geben, daß der Betrieb derselben mit dem wenigsten Kraft- und Brennmaterialien-Bedarf bewirkt, und dennoch eine den Verhältnissen vollkommen angemessene Ausbeute erlangt wird.

Freilich wirken eine Menge und oft die unscheinbarsten Umstände auf den größeren oder minderen Ausfall ein, die der Besitzer einer Brennerei nicht immer in seiner Macht hat, wohin insbesondere die Beschaffenheit der Kartoffeln, welche zum Branntwein verwendet werden sollen, die Beschaffenheit des Wassers, die Lage des Brennerei-Gebäudes, die Jahreszeit, Witterung, Temperatur, Luftzug u. dgl. m. gehören, und selbst bei gleichen Apparaten uud anscheinend gleicher Manipulation treten oft die auffallendsten Unterschiede in den Resultaten hervor; indeß steht doch auch soviel fest, daß die Benutzungsweise der vorhandenen oder einzurichtenden Gebäude-Räume, der zum Brennen bestimmte Apparat, die sorgfältige Handhabung desselben und die Behandlung des ganzen Geschäfts von sehr wesentlichem Einfluß dabei sind. Namentlich ist eine sehr große Reinlichkeit sowohl im Gebäude selbst als bei allen einzelnen Gefäßen zu beobachten, denn die unbedeutendste Vernachläßigung hierunter hat eine geringere Ausbeute an Branntwein zur Folge.

Auch gewährt die Branntwein-Fabrication, im ununterbrochenen Zusammenhange betrieben, bei Weitem mehr Vortheil, als unter übrigens gleichen Umständen in abgesetzten Perioden; so wie dieselbe im ausgedehnteren Umfange verhältnißmäßig weniger Kraft- und Brennmaterialien-Aufwand erfordert, als im beschränkteren.

Die gegenwärtigen Bemerkungen haben nun zwar nicht den Zweck, eine Anleitung zu geben, wie der Branntwein auf die vortheilhafteste Weise aus den dazu bestimmten Materialien gezogen wird, weil dies als bereits bekannt anzunehmen ist, oder doch wenigstens hier nicht hergehört, vielmehr sollen sie nur die allgemeinen Grundzüge andeuten, nach welchen die Branntweinbrennerei-Gebäude selbst zum bequemen und nutzreichsten Betriebe nach den bisherigen Erfahrungen Hinsichts der Vertheilung, des Zusammenhangs und der Größe der Räume, der Größe der Geräthe und Einrichtung der Feuerungen am angemessensten anzulegen sind, wenn dies nemlich in der Wahl des Bauenden liegt und nach den örtlichen Verhältnissen möglich ist; doch wird da, wo es bei der Bestimmung der einzelnen Gebäudetheile, deren Lage und Größe, auf die Branntwein-Fabrication mit ankommt, hierauf insoweit als nöthig zurückgegangen werden.

§. 2.

Brennerei-Gebäude müssen eine von allen Seiten freie, dem Luftzuge ausgesetzte, hohe und trockene Lage haben, so daß nicht nur die beim Betriebe sich entwickelnden Dämpfe und Ausdünstungen ungehindert abgeführt werden können, sondern auch die unvermeidliche Nässe bequem abgeleitet werden kann, und die unentbehrlichen Kellerräume unter denselben stets wasserfrei und trocken bleiben.

Ferner ist es gut, dergleichen Gebäude, worin viel mit

Feuer verkehrt wird, möglichst entfernt von solchen Gebäuden zu halten, die mit Stroh-, Rohr- oder Schindel-Dächern versehen sind.

Sie selbst müssen dauerhaft und feuersicher sein, und deshalb ist stets der Massivbau mit Ziegelbedachung anzurathen. Die den Wasserdämpfen und Dünsten ausgesetzten Räume, die Feuerungen, wohin auch die Darrkammer zu rechnen, werden aus gleichen Gründen überwölbt.

§. 3.

Bevor zur Bestimmung der einzelnen Gebäude-Theile und Geräthe geschritten wird, scheint es angemessen, einige allgemeine Bemerkungen voranzuschicken, die zur besseren Verständigung des Folgenden dienen.

Alkohol oder Weingeist ist eine farblose sehr flüchtige Flüssigkeit, welche in ihrem höchst gereinigten wasserfreien Zustande äußerst durchdringend geistig riecht und schmeckt. Derselbe ist leichter als Wasser, denn das eigenthümliche (specifische) Gewicht des Wassers = 1000 gesetzt, giebt für das eigenthümliche Gewicht des reinsten (absoluten) Alkohols = 791 bis 792 bei + 16 Grad des Reaumurschen Quecksilber-Thermometers.

Reiner Branntwein besteht aus einer Mischung von Alkohol und Wasser, und seine Stärke wird nach dem Mischungs-Verhältniß aus Alkohol und Wasser so bestimmt, daß man den wasserfreien Alkohol = 100 und das reine Wasser = 0 setzt. So sagt man z. B. der Branntwein habe 40 Prozent Stärke, wenn derselbe seinem Volumen nach in 100 Theilen aus 40 Theilen Alkohol und aus 60 Theilen Wasser besteht.

Die Messung der Stärke geschieht mittelst des Tralesschen Alkoholometers, eines Instruments, welches das flachere oder tiefere Eintauchen in die mehr oder weniger leichte Flüssigkeit an einer in Grade getheilten Scala abnehmen läßt.

Die Benennungen für die verschieden starke Flüssigkeit, wie sie der Chemiker, Pharmazeut und Kaufmann gebraucht, sind:

Branntwein schlechtweg ein Gemisch von 45 bis 55 Prozent Tralles;

Rectificirter Weingeist (Spiritus) ein Gemisch von 60 bis 70 Prozent Tralles und

höchst rectificirter Weingeist ein Gemisch von 80 bis 90 Prozent Tralles.

Stärker als einige 90 Prozent kann man ihn selbst nach mehrmals wiederholter Destillation nicht herstellen. Soll er ganz wasserfrei — also absoluter Alkohol — sein, so müssen entwässernde chemische Hülfsmittel angewendet werden.

Der Alkohol zieht aus der Luft sehr schnell Wasser an sich, so daß man denselben, wenn man ihn nicht in sehr sorgfältig verschlossenen Gefäßen verwahren kann, nicht rein erhält.

In den preußischen Staaten besteht Branntwein von gesetzlicher Stärke aus einer Mischung von gleichen Theilen Alkohol und Wasser.

§. 4.

Alkoholhaltige Flüssigkeiten werden bekanntlich durch die geistige Gährung erzeugt, welche durch eine eigene Behandlung gewisser Zuckerarten herbeigeführt wird. Dieser Zucker findet sich nicht allein in vielen Pflanzen, wie z. B. im Zuckerrohr, fertig vorgebildet, sondern er kann auch dadurch künstlich dargestellt werden, daß gewisse organische Verbindungen auf einander einwirken. So wird durch die Einwirkung des Klebers auf die Stärke unter Mitwirkung von feuchter Wärme Zucker gebildet. Im Waizen, in der Gerste, im Roggen u. s. w. kommen Kleber und Stärke zusammen vor; in den Kartoffeln ist nur Stärke, aber kein Kleber enthalten. Daraus erhellet, wie Branntwein aus Getreidearten ohne weiteren Zusatz, aus Kartoffeln aber nur durch Zusatz von Getreide erzielt werden kann.

Soll daher aus Kartoffeln Branntwein gezogen werden, so ist beim Einmaischen derselben ein Zusatz von Getreide nothwendig, weil sie sonst eine geistige Gährung nicht eingehen, und um dieses Getreide für die Auflösung in heißem Wasser geschickt zu machen, gleichsam den durch die Einmaischung und demnächstige Gährung entstehenden Zuckerbildungs-Prozeß vorzubereiten und zu erleichtern, und auf diese Weise die größtmöglichste Menge Alkohol zu entwickeln, muß dasselbe zuvor gemalzt und geschroten werden. Auf einen Scheffel Kartoffeln rechnet man mindestens 4 Pfund Malzschrot-Zusatz, und außerdem etwa 1 Pfund desselben zur Hefe, zusammen also 5 Pfund.

Je vorsichtiger und vollständiger die Einmaischung und der Gährungs-Prozeß vor sich geht, je größer ist der Gewinn an Branntwein. Nicht minder kommt außerordentlich viel auf die gute Beschaffenheit des Malzes an. Hierauf muß also die vorzüglichste Sorgfalt gewendet, und die

Locale und Geräthe müssen danach zweckentsprechend eingerichtet werden.

§. 5.

Die Zubereitung des Malzes geschieht mit dem besten Erfolge nur bei nicht zu heißer Witterung, daher gewöhnlich nur in den 8 Monaten vom 1sten Oktober bis Ende Mai, und nimmt man an, daß monatlich im Durchschnitt 8 Quellsätze, jährlich also 64 Quellsätze abgemalzt werden können, so ist der ganze jährliche Getreidebedarf zum Brennen durch 64 zu theilen, um die für einen Quellsatz erforderliche Quantität Getreide zu bestimmen.

Dies gilt jedoch nur von größeren Branntweinbrennereien, welche viel Malz verbrauchen, denn in dem Fall, daß ein geringer Brennerei-Betrieb *) statt findet, der nach vorstehender Bestimmung ermittelte jedesmalige Quellsatz also zu unbedeutend ausfallen, und es sich dann nicht belohnen würde, so kleine Quantitäten Malz zu bereiten, nimmt man verhältnißmäßig weniger Quellsätze als jährlich 64 an. Weniger als 18 Scheffel Getreide pflegt man gleichzeitig nicht zu malzen. Ueberdies ist es gut, mehr Malz zu bereiten, als man grade gebraucht, um immer einigen Vorrath davon zu haben, zumal altes Malz besser ist, als frisches **).

---

*) Wie bereits §. 1. angeführt, ist ein größerer Brennerei-Betrieb vortheilhafter, als ein beschränkter, und deshalb findet man auch jetzt sehr selten ländliche Brennereien, in denen weniger als täglich zwei bis drei Wispel Kartoffeln verarbeitet werden.

**) Häufig stehen mit Branntweinbrennereien auch Brauereien in Verbindung. In solchen Fällen ist es, wenn der Malz-

Der Brennerei-Betrieb mag also von noch so geringem Umfange sein, so wird man die zur Malzbereitung erforderlichen Räume und Geräthe doch stets so einzurichten haben, daß der jedesmalige Quellsatz mindestens aus 18 Scheffeln Getreide bestehen kann *).

Meistens wird Gerste, welche sich am leichtesten bearbeiten läßt, seltener Waizen zum Branntwein-Malz verbraucht. Ueberhaupt soll Gerstemalz bei Kartoffel-Brennereien das vorzüglichste sein.

§. 6.

Die Operation des Malzens läßt sich in 4 Abtheilungen bringen; es wird nämlich:

---

bedarf zur Brennerei nicht die disponible ganze Heitzkraft in Anspruch nimmt, vortheilhaft, die Darre der Brennerei so groß anzulegen, als der vorhandene Raum und die zu Gebote stehenden Feuerungen gestatten, um auch gleich das Braumalz oder wenigstens einen Theil desselben darauf bereiten zu können.

*) 18 Scheffel Gerste auf jeden Quellsatz gerechnet, entsprechen dem Malzbedarf zum Einmaischen u. s. w. von täglich 2 Wispeln = 48 Scheffel Kartoffeln, wenn jedem Scheffel der letzteren 4 Pfund Malzschrot zugesetzt werden, und außerdem pro Scheffel derselben 1 Pfund Malzschrot zur Hefe verwendet wird, wie nachfolgende Ermittelung darthut. 48 Scheffel Kartoffeln erfordern nämlich täglich $48 \times 5 = 240$ Pfund Malz oder $4\frac{2}{7}$ Scheffel rohe Gerste, weil nach der Anmerkung hinter §. 10. ein Scheffel rohe Gerste durchschnittlich 56 Pfund Malz giebt. Nun wird nach der Anmerkung zu §. 17. in den drei Monaten Juni, Juli und August gewöhnlich nicht gebrannt, es bleiben also im Jahre nur 270 Brenntage übrig, wonach $270 \times 4\frac{2}{7} = 1157\frac{1}{7}$ Scheffel rohe Gerste jährlich gebraucht werden, und diese auf 64 Quellsätze vertheilt, kommen auf jeden $\frac{1157\frac{1}{7}}{64} = 18\frac{9}{112}$ Scheffel, wofür man mit Weglassung des Bruchs 18 Scheffel annehmen kann.

a) das rohe Getreide in Wasser eingeweicht;
b) um zu wachsen, in Haufen gebracht;
c) das fernere Wachsen durch den Zutritt der Luft gehemmt; und
d) das Malz auf der Darre oder an der Luft gänzlich getrocknet.

Dazu gehören außer den oberen Böden mindestens zwei Räume, nämlich:

a) ein Malzplatz und
b) eine Darrkammer.

§. 7.

Die Einweichung des rohen Getreides geschieht in dem aus Holz oder Steinen bestehenden $2\frac{1}{2}$ bis 3 Fuß tiefen Quellbottig (Quellstock), der wo möglich auf dem Malzplatze selbst, jeden Falls aber in dessen Nähe stehen und eine solche Größe haben muß, daß er dem Inhalte nach um $\frac{1}{3}$ bis $\frac{1}{2}$ größer ist, als der des einzuweichenden Getreides, daher jeder Scheffel = $1\frac{7}{9}$ Kubikfuß trockenes Getreide des gesammten Quellsatzes circa $2\frac{1}{2}$ Kubikfuß Quellbottig erfordert.

Bei einem jedesmaligen Quellsatze von 18 Scheffeln Getreide z. B. müßte hiernach der Quellbottig $18 \times 2\frac{1}{2} = 45$ Kubikfuß Inhalt haben, wozu ein rundes Gefäß von $4\frac{2}{3}$ Fuß lichter Weite und circa $2\frac{2}{3}$ Fuß innerer Höhe, oder ein viereckigtes Behältniß (z. B. bei Steinen) von 5 Fuß Länge, $3\frac{1}{2}$ Fuß Breite und etwa $2\frac{2}{3}$ Fuß Höhe erforderlich ist.

Im Sommer sind circa 2, im Winter 2 bis 3 Tage zum Quellen nöthig.

Das Wasser zum Einweichen wird mittelst Rinnen in den Quellbottig geleitet, und seiner Zeit durch einen im Boden befindlichen Zapfen in einer Rinne nach Außen abgeführt.

§. 8.

Ist das Getreide gequollen, so wird es auf die Malztenne (Keimbeet) gebracht, Anfangs in Haufen, bis es durch die sich von selbst im Haufen erzeugende höhere Temperatur den gehörigen Grad des Keimens oder Wachsens erreicht hat, dann aber ausgebreitet, so daß es zuletzt nur 2 bis höchstens 3 Zoll hoch liegt, um es durch den Zutritt der Luft abzukühlen, dessen ferneres Wachsen zu verhindern, und es einigermaßen abtrocknen zu lassen.

Während des Keimens beträgt das Volumen des Getreides circa $\frac{1}{4}$ mehr, als im trocknen Zustande, mithin nimmt ein Scheffel trocknes Getreide $\frac{5}{4} \times 1\frac{7}{9} = 2\frac{2}{9}$ Kubikfuß ein, und weil es, wie angegeben, zuletzt nur 2 (höchstens 3) Zoll hoch liegen darf, werden auf jeden Scheffel trocknes Getreide des gesammten Quellsatzes $2\frac{2}{9} \times 6 = 13\frac{1}{3}$ Quadratfuß Malzplatz gerechnet.

Hiernach würde also, wenn man z. B. einen jedesmaligen Quellsatz von 18 Scheffeln Getreide hätte, der Malzplatz $18 \times 13\frac{1}{3} = 240$ Quadratfuß Grundfläche haben müssen, wobei indeß der Platz für den Quellbottig oder sonstige in dem Malzplatze aufzustellende Gegenstände nicht mit begriffen, für diese vielmehr der erforderliche Raum noch hinzuzurechnen ist.

Bei einem starken Betriebe, wo viel Malz gebraucht wird, und wenn einiger Vorrath davon beschafft werden soll, nimmt man auch wohl $\frac{1}{3}$ mehr an, mithin $17\frac{7}{9}$ Quadratfuß, weil es sehr auf die Witterung ankommt, wieviel Zeit das Wachsen und Trocknen erfordert, während das Quellen und Darren in dieser Beziehung weniger Veränderungen unterworfen ist, und durch jene Verzögerung die Bereitung des für jeden Tag bestimmten Malzes nicht aufgehalten werden darf. Doch werden in der Regel 13⅓ Quadratfuß ausreichen.

Das Quellen, Keimen und Trocknen erfordert überhaupt circa 5 bis 6 Tage.

§. 9.

Der Malzplatz muß der Kühle wegen wo möglich an der Mitternachts-Seite liegen und mit Mauerziegeln auf der flachen Seite, oder Fliesen belegt, oder aber mit einem Estrich versehen werden.

Ist man in der Wahl beschränkt, und bliebe nichts übrig, als den Malzplatz an der Mittags-Seite anzulegen, so sind wenigstens die Fenster hier auf das unumgänglichste Licht, dessen es übrigens zur Behandlung des Malzes nur wenig bedarf, da man sogar die vorhandenen Fenster während der Malzbereitung noch verhängt, weil derselben das Licht nicht zuträglich sein soll, einzuschränken, damit der Malzplatz im Sommer nicht zu warm werde. Reicht derselbe durch die ganze Tiefe des Gebäudes, oder wird er durch einen Giebel begrenzt, so läßt man die Fenster in der Mittags-Seite ganz weg, und bringt solche in den anderen Seiten an. Weil aber zu große Kälte das Malzgeschäft ebenfalls nicht begünstigt, so pflegen einige den Malzplatz mit einem Mauerstein-Ofen zu versehen, um mittelst dieses im Winter erforderlichen Falls eine angemessene Lufttemperatur bewirken zu können.

Andere halten zwar die Anbringung eines Ofens nicht für angemessen, weil die Ofenwärme das auf dem Platze ausgebreitete Malz an der oberen Seite zu sehr abtrocknen soll; es wird indeß immer gut sein, bei Anlage neuer Gebäude gleich auf eine Schornsteinröhre in einer der den Malzplatz umgebenden Wände, welche nur 6 bis 8 Zoll im Quadrat weit zu sein braucht, zu rücksichtigen, damit, wenn der Brennerei-Besitzer vielleicht einen Ofen anbringen will, dies dann ohne Schwierigkeiten geschehen kann.

Der Malzplatz wird gewöhnlich mit einer Balkendecke versehen und deshalb in der Etage angelegt, weil sich das Wasser aus dem Quellbottig leichter ableiten läßt; doch ist nicht zu verkennen, daß ein trockner überwölbter Malzraum im Keller dann seine Vorzüge hat, wenn die Witterung zu warm ist. Nach den Umständen kann man daher den Malzplatz theils in der Etage, theils im Keller einrichten, doch so, daß beide Räume über einander liegen und mittelst einer Windeöffnung in Verbindung stehen. Legt man den Malzplatz ganz im Keller oder Souterrain an, so ist es wenigstens gut, den Quellbottig in der Etage über dem Malzkeller anzubringen; das Getreide wird dann aus dem Bottig durch eine in der Kellerdecke befindliche Oeffnung hinunter gelassen.

Hinsichts der Höhe der Malzräume giebt es zwar keine bestimmte Vorschriften, und sie hängt meist von der bedingten Höhe der übrigen Brennerei-Räume mit ab, welche neben und unter den Malzplätzen liegen, doch pflegt die lichte Höhe derselben selten unter 7 bis 8 Fuß zu betragen.

Befindet sich der Malzplatz in der Etage und darunter ein Balkenkeller, so muß das Pflaster des Malzplatzes in Cement gelegt werden, damit die Feuchtigkeit nicht durch die Fugen dringen und die Balken verderben kann, obwohl dieselbe hier nicht von Bedeutung ist; denn der Fußboden des Malzplatzes braucht bei Weitem nicht so oft gescheuert oder gewaschen zu werden, wie es in dem Vormaischraum und in der Brennstube der Reinlichkeit wegen nöthig ist, und das Malz selbst theilt dem Fußboden nur wenig Nässe mit. Dagegen ist es nothwendig, daß der Quellbottig nicht unmittelbar auf die Balkendecke oder das Pflaster derselben, sondern auf einen besonderen Untersatz gestellt wird, der das überlaufende oder aus dem etwa zusammengetrockneten Gefäße durchdringende Wasser vom Fußboden abhält. Dieser Untersatz besteht entweder aus einem graden, mit Zinkblech bekleideten, auf Unterlagen gestellten Brettboden, an allen 4 Seiten mit einer Rinne von Zink eingefaßt, oder nach dem, Tafel II. in Figur 7 und 8, abgebildeten Querdurchschnitt und Grundriß aus zwei mit kleinen eingehobelten Kanälen versehenen Brettböden, die auf Unterlagen mit etwas Neigung nach der Mitte hin so nebeneinander liegen, daß zwischen ihnen eine circa 3 Zoll breite Spalte verbleibt, unter welcher eine ausgehauene, zum Gebäude hinausreichende Rinne liegt. Diese führt das sich sammelnde Wasser ab und dient gleichzeitig zum Ablassen des Wassers durch das Zapfenloch des Quellbottigs.

Befindet sich unter dem Quellbottig ein gewölbter Raum, so ist jener Untersatz nicht nöthig, und es genügt, das Mauersteinpflaster unter dem Bottig und die Rinne in Cement zu legen.

§. 10.

Wird endlich das in der angegebenen Weise behandelte Malz durch die Wärme der Atmosphäre gänzlich getrocknet, so heißt es Luftmalz (welches für die Branntwein-Fabrication das beste sein soll), wird es auf der Darre getrocknet, Darrmalz. Ersteres erfordert große Bodenräume; die Zeit, in welcher es fertig wird, läßt sich, von der Witterung abhängig, nicht vorher bestimmen, und deshalb beschränkt man sich gewöhnlich auf den Gebrauch der Darre.

Sie wird in der Regel in einer oberen Etage oder auf dem Dachboden so angelegt, daß sie mit den Feuerungen des Brenn-Apparats und des Dampfkessels, wovon weiterhin das Nöthige vorkommt, in Verbindung gesetzt werden kann, um die von jenen Feuerungen entströmende Hitze noch zum Darren zu benutzen, und so viel als möglich Brennmaterial zu ersparen.

Zu dem Ende wird in den Schornsteinen jener Feuerungen der Rauch durch eiserne Schieber abgesperrt, und in 11 bis 12 Zoll im Durchmesser weite, nach dem auf der II. Tafel in Figur 9. dargestellten Querprofil, oberhalb mit einem zugespitzten Rücken versehene, 14 bis 16 Zoll hohe Röhren von starkem Eisenblech geführt, welche mit einer mäßigen Steigung unter den etwas schräg liegenden Darrhorden von starkem Eisendrath parallel hin und zurücklaufen und dann wiederum in jenen Schornstein ausmünden, wobei es ziemlich gleichgültig ist, ob der Schornstein am Ende des Darraums, wie im Grundriß Fig. 4. auf der I. Tafel, oder gegen die Mitte desselben, wie im Grundriß Fig. 5. auf der I. Tafel angedeutet, vorbeiführt, weil dies von der Einrichtung des ganzen Gebäudes und der Vertheilung der unteren Räume abhängt. Auch diese Röhren sind an ihrem Anfange mit Schiebern abzuschließen, damit man den Rauch nach Belieben unmittelbar durch den Schornstein abführen oder erst unter die Darre und dann in den Schornstein leiten kann.

Dem Brenner den willkührlichen Gebrauch der Schieber zu benehmen, und ein gleichmäßiges Brennen des Feuers unter den Blasen u. s. w. zu erhalten, lassen einige auch die Schieber ganz weg, und führen den von unten kommenden Rauch, es mag gedarrt werden oder nicht, stets durch die Darrröhren ab. In diesem Fall kann der Schornstein zur Abführung des aus den Darrröhren entströmenden Rauchs in oder an einer Umfassungswand der Darrkammer errichtet werden, ohne Rücksicht darauf, ob derselbe unmittelbar auf dem unteren, zwischen den Feuerungen und der Einmündung der Darrröhren befindlichen Rohre oder in dessen Nähe steht oder nicht, so daß man also in der Wahl der Stellung des Haupt-Schornsteins weniger beschränkt ist.

Der Rücken auf den Darrröhren ist nöthig, damit das etwa durch die Horden fallende Malz und die Keime nicht darauf liegen bleiben und anbrennen.

Die hin- und zurücklaufenden Darrröhren werden entweder in der Fig. 4. oder Fig. 5. angegebenen Weise an ihrem Ende durch ein Doppelknierohr abc verbunden, oder zur Vermeidung des letzteren daselbst in eine gemeinschaftliche, durch die Giebelwand der Darre und eine kleine ½ Stein starke innere Scheidemauer gebildete Rauchkammer von etwa einem Fuß Breite, die oberhalb zugedeckt und abgedacht ist, geleitet, um auf diese Weise die Verbindung der Röhren zu erlangen, wie solches aus dem Grundriß Fig. 6. auf der I. Tafel erhellet, wo de die erwähnte Scheidemauer und x die Rauchkammer andeutet.

Vermittelst dieser Röhren kann ein solcher Hitzegrad hervorgebracht werden, wie er dem Darren grade entspricht; 40 bis 45 Grad Reaumur sind zum Darren des Branntweinmalzes hinreichend.

Das Malz darf nicht braun gedörrt sein, weil es sonst schon einen Theil seiner zuckerbildenden Eigenschaft verloren hat, auch aus dem Malze selbst nicht der erwartete Alkoholertrag gewonnen wird; deshalb ist es ein Haupterforderniß bei einer Darre, die Darrhorden in solchem Abstande von den Darrröhren zu legen, daß die Hitze nicht zu groß werde; nicht minder ist eine gleichförmige Vertheilung derselben unter den Darrhorden nöthig. Letzteres wird durch das allmählige Steigen der eisernen Röhren bewirkt.

Statt der eisernen Röhren kann man auch Kanäle von unglasirten Töpferkacheln oder von Dachsteinen auf der hohen Kante, welche in Lehm gesetzt und dachartig abgedeckt werden, mit anfänglicher Kostenersparung anwenden, oder dergleichen Kanäle mit eisernen Röhren in Verbindung bringen. Eiserne Röhren verdienen aber immer den Vorzug, weil sie die Wärme schneller und vollkommener durchleiten, also dem Darren vortheilhafter sind. Ueberdies gewähren sie mehr Feuersicherheit und eine größere Dauer.

Um in der Darre unter dem Malze und zwischen diesem einen durchaus nothwendigen Luftzug hervorzubringen, der die aus der Feuchtigkeit des Malzes entwickelten

Dämpfe sofort in die äußere Umgebung treibt, werden in einer oder beiden Längenwänden des Darr-Raums, nach Fig. 1. 2. 3. und 6. auf der I. Tafel, kleine mit der äußeren Atmosphäre in Verbindung stehende und unter die Darre führende Luftröhren a b angebracht, welche zur Abhaltung der Vögel außerhalb mit Drathgittern versichert sind, unter der Darre aber bei c c aufgesetzte kleine Blechdüten erhalten, die an den Seiten durchbrochen und am oberen Ende abgedacht verdeckt sind, damit das durch die Horden fallende Malz und die Keime nicht in die Luftröhren fallen können; oder es wird in dem Vorgelege, aus welchem die Blasen- und Dampf-Feuerungen dirigirt werden, ein Kamin angelegt, dessen Röhre unmittelbar in einen unter der Darre anzubringenden sogenannten Wolf führt, um auf diese Weise den erforderlichen Luftzug zu beschaffen. Je mehr Luftzug hervorgebracht wird, je besser und förderlicher ist es für die Malzbereitung.

Dieser Kamin kann gleichzeitig als Hülfsfeuerung benutzt werden, wenn die Blasen-Feuerungen u. s. w. allein, was jedoch nur selten, oder gar nicht vorkommen dürfte, nicht ausreichen sollten, den erforderlichen Wärmegrad hervorzubringen, oder das Darren zu einer Zeit geschieht, wo die Blasen-Feuerungen u. s. w. nicht im Gange sind. In diesem Falle wird in dem Kamine Feuer angelegt, der heiße Rauch geht aber dann nicht durch die eisernen Röhren, sondern er zieht in den Wolf und aus diesem unmittelbar durch das Malz, wodurch Rauchmalz entsteht. Doch will man das Rauchmalz für die Branntwein-Fabrication nicht ganz angemessen finden, weil es dem Branntwein einen unangenehmen Beigeschmack geben und auf die

Branntwein-Ausbeute selbst einen nachtheiligen Einfluß haben soll. Wer daher kein Rauchmalz bereiten will, gleichwohl aber einer Hülfs-Feuerung zur Darre bedarf, muß die Zuführung der frischen Luft nicht durch den erwähnten Kamin, sondern durch die oben bemerkten besonderen Zugöffnungen bewirken, und den ersteren lediglich zu jenem Zweck in der Art benutzen, daß der Rauch aus dem Kamin eben so, wie von den Blasen- und Dampf-Feuerungen, in ein und dieselben Röhren von Eisenblech unter die Darre führt, oder es werden für die Hülfs-Feuerung besondere derartige Röhren angelegt, wo dann zwei verschiedene Röhren-Systeme parallel über einander unter den Darrhorden fortlaufen, und jedes in seinen zugehörigen Schornstein zur weiteren Abführung des Rauchs geleitet wird.

Auf einer vorzüglich gut eingerichteten Darre, und wenn das Getreide schon vorher gehörig abgetrocknet ist, kann zwar täglich zweimal gedarrt werden, da indeß nicht immer die günstigsten Umstände vorausgesetzt werden dürfen, so ist es gerathener, bei der Berechnung der Größe der Darre nur ein einmaliges Darren täglich anzunehmen, und weil, wie oben angeführt, das Quellen 2 bis 3 Tage dauert, das Malzen aber ununterbrochen fortgesetzt wird, so kann die Darre während dieser Zeit circa $2\frac{1}{2}$ mal von Neuem beschüttet werden, also jedesmal zwei Fünftel des ganzen Quell- oder Malz-Satzes auf die Darre kommen.

Das Malz pflegt man nicht gern über 2 Zoll ($\frac{1}{6}$ Fuß) hoch auf die Darrhorden zu schütten, und hieraus ergiebt sich denn, weil 1 Scheffel trocknes Getreide $\frac{5}{4}$ Scheffel gekeimtes giebt, daß:

jeder Scheffel trocknes Getreide des gesammten Quellsatzes $\frac{1\frac{7}{9} \cdot \frac{5}{4} \cdot 6}{2\frac{1}{2}} = 5\frac{1}{3}$ Quadratfuß Darrhorden-Fläche erfordert, wofür man, um ganz sicher zu gehen, allenfalls auch $5\frac{1}{2}$ Quadratfuß annehmen kann.

Die mit eisernen Rahmen eingefaßten dräthernen Darrhorden haben gewöhnlich eine Breite von 4 bis $4\frac{1}{2}$ Fuß, so daß, wenn sie mit einer Seite gegen die eine Längenwand des Darrraums liegen, sie bei ihrer nach vorn wenig geneigten Lage *), mit Einschluß der vorderen Brustmauer, worauf sie ruhen, eine Breite von etwa 5 Fuß einnehmen, wonach sich, wenn man den Gang vor der Darre auf 3 bis 4 Fuß bestimmt, die ganze Breite des Darrraums auf 8 bis 9 Fuß herausstellt, wie dies der Querdurchschnitt der Darre Tafel I. Fig. 1. deutlich macht. Ist nun die Breite bestimmt, so läßt sich auch die Länge der Darre leicht finden, indem man die Scheffelzahl des gesammten Malzsatzes mit den vorhin ermittelten $5\frac{1}{2}$ Quadratfuß Darrhordenfläche multiplicirt und durch die Breite der Horden dividirt.

Hätte man z. B. jedesmal einen Quellsatz von 18 Scheffeln Getreide, so müßte die Darrhordenfläche $18 \times 5\frac{1}{2} = 99$ Quadratfuß betragen, und bei $4\frac{1}{2}$ Fuß Breite also circa 22 Fuß Länge haben. Erhielte die Darre bei einer Hordenbreite, um dem Bedürfniß zu entsprechen, eine un-

*) Einige Brennerei-Besitzer ziehen es vor, die Darrhorden ganz waagerecht zu legen. Wird dies bei neuen Einrichtungen verlangt, so ändert solches in der Raumbestimmung nichts ab.

verhältnißmäßige Länge, oder müßte sie der Oertlichkeit wegen kürzer werden, so wird sie dafür breiter, und dann

a) entweder eine Satteldarre angelegt, d. h. es werden nach dem Querdurchschnitt Fig. 2. auf der I. Tafel zwei Reihen Horden so neben einander gelegt, daß sie in der Mitte bei g einen Rücken bilden und zu beiden Seiten gegen die Brustmauern abfallen. Die Darre muß dann von beiden Seiten zugänglich sein. In diesem Falle wird sie mit ihren beiden Brustmauern circa 9 bis 10 Fuß breit, und weil die Gänge davor jeder etwa 3 Fuß Breite erfordern, erhält die ganze Darrkammer 15 bis 16 Fuß Breite. Oder aber

b) die Horden werden nach Tafel I. Fig. 3. gegen beide Längenwände des Darraums, und der Gang dazwischen angelegt. Diese Einrichtung hat vor der ad a erwähnten den Vorzug, daß ein Gang gespart, und mit einer Breite der Darrkammer von 12 bis 13 Fuß ausgereicht wird.

Bei den zuerst erwähnten Darren von einer Hordenbreite spielt das von unten kommende Feuer ungetheilt durch eine wiederkehrende Röhre unter den Horden bis wieder in den Schornstein; bei den ad a und b genannten aber wird das Feuer, ehe es unter die Darre tritt, durch eine Zunge getheilt und in zwei wiederkehrenden Röhren unter die Horden u. s. w. geleitet.

Die Brustmauern, worauf die Vorderkanten der Darrhorden liegen, sind 3½ bis 4 Fuß hoch, 1 Stein stark, und darin befinden sich nach Maaßgabe der Größe der Darre ein bis zwei durch eiserne Thüren verschlossene Oeffnungen von 1½ bis 1¾ Fuß Breite und 2 bis 2½ Fuß Höhe, um zu den Röhren kommen, auch das etwa durch die Horden gefallene Malz aufnehmen und die Darre von den beim Trocknen abfallenden Keimen reinigen zu können.

Gestattet es der Raum nicht, vor oder zwischen den Darrhorden einen Gang anzulegen, oder will man überhaupt die Darrkammer möglichst beschränken, so kann man den Gang und die Brustmauern ganz weglassen, die Horden auf die ganze Darrkammer ausdehnen, und solche horizontal auf eisernen Rähmen und Stützen, etwa 4 Fuß vom Fußboden entfernt, aufstellen. Alsdann kann aber der Brenner nicht überall vor die Darre, sondern er muß auf dieselbe treten, um seine Arbeiten zu verrichten; was freilich etwas unbequemer ist, worauf es indeß weiter nicht ankommt. Nur die Eingangsthür zur Darre wird dann um 4 Fuß höher gerückt; alle übrigen Verhältnisse dagegen bleiben im Wesentlichen dieselben, wie bei den früher beschriebenen Einrichtungen.

Die Reinigung der Darr-Röhren vom Ruß geschieht durch die in der einen Giebelwand der Darre anzubringenden, mit eisernen Thürchen oder Stöpseln verschlossenen Oeffnungen mm Fig. 4. mittelst eines an einer schwachen eisernen Stange befestigten Haarbesens, welcher durch die Röhren hindurch gestoßen wird. Die Länge der Stange muß der Länge der Darr-Röhren entsprechen, und gestattet es der Raum vor den Reinigungs-Oeffnungen nicht, mit einer so langen Stange hineinzufahren, so ist sie aus zwei mit Charnierbändern verbundenen Theilen anzufertigen.

Läßt sich das eine, wie das andere, örtlicher Behinderungen wegen gar nicht, oder doch nur mit Beschwerden bewirken, so kann man auch, wie dies öfters geschieht, die eisernen Rauchröhren nach Fig. 5. an ihrer unteren Seite bei n n . . . in Entfernungen von etwa 5 Fuß mit 8 Zoll im Quadrat großen Thürchen versehen, durch welche der Ruß herausgenommen wird. Diese Thürchen werden während des Darrens durch Riegel verschlossen und mit Lehm verstrichen, damit kein Rauch durchdringen kann. Derjenige Ruß, welcher sich in den oben erwähnten kleinen Rauchkammern, die statt der die Enden der Rauchröhren verbindenden Kniestücke eingerichtet werden, sammelt, wird durch kleine, in der Brustmauer der Darre anzulegende besondere Reinigungsthüren o in Fig. 6. herausgenommen.

Der ganze Darr-Raum wird der Feuersicherheit wegen mit massiven Wänden umgeben, und mit einem den Umständen nach mit Gurten versehenen Kappen-Gewölbe von $\frac{1}{2}$ Stein Stärke überspannt, und daß die aufsteigenden Dünste aus diesem Raum, und, wenn Rauchmalz gefertigt wird, auch der Rauch davon, entweichen können, auf die Mitte des Gewölbes bei p in Fig. 1. 2. und 3. ein massives Dunstrohr (Schornstein) von 16 bis 18 Zoll im Quadrat weit gesetzt und zum Dache hinausgeführt, wo es eine Kappe zum Schutz gegen den sonst eindringenden Regen oder Schnee erhält.

Die Darrkammer selbst wird sowohl in den Gängen (wenn dergleichen angelegt werden), als unter den Darrhorden mit Mauerziegeln auf der flachen Seite gepflastert, und vom Pflaster der Gänge bis unter den Scheitel des Gewölbes 8 bis 9 Fuß, nach den Umständen, z. B. bei größeren Längen- und Breiten-Abmessungen, auch wohl 10 Fuß hoch.

Anmerkung. Das rohe Getreide verliert durch das Malzen, vorausgesetzt, daß das Malz trocken und von den Wurzelfasern gereinigt ist, im Vergleich zu diesem etwa 20 Prozent seines ursprünglichen Gewichts, so daß aus 100 Pfund Getreide 80 Pfund Malz bereitet werden; danach giebt:

		Pfd. Malz
1 Scheffel	Waizen, zu 90 Pfd. angenommen,	72
1 —	große Gerste zu 75 — — —	60 *)
1 —	kleine Gerste zu 60 — — —	48

Weil aber ein Scheffel rohes Getreide durchschnittlich $1\frac{1}{8}$ Scheffel Malz giebt, oder, was einerlei ist, 1 Scheffel Malz $\frac{8}{9}$ Scheffel rohes Getreide erfordert, so wiegt etwa

1 Scheffel	Malz von	Waizen	64 Pfd.
1 —	—	von großer Gerste	$53\frac{1}{3}$ — und
1 —	—	von kleiner Gerste	$42\frac{2}{3}$ —

§. 11.

Auf dem Dachboden im Kehlgebälke wird eine einfache Winde **) angebracht, und mit dieser das zum gänzlichen Trocknen bestimmte Malz durch die in den Decken befindlichen Oeffnungen vom Malzplatze und eventualiter

*) Als einen aus der Erfahrung hergeleiteten Mittelsatz nimmt man gewöhnlich an, daß 1 Scheffel rohe Gerste 56 Pfund von den Keimen gehörig gereinigtes Branntweinmalz oder 1 Metze rohes Getreide $3\frac{1}{2}$ Pfund Malz giebt.

**) Diese Winde kann erforderlichen Falls auch zur Förderung der Kartoffeln auf den Dachboden, worüber im §. 14. das Nähere vorkommt, benutzt werden.

aus dem überwölbten Keller auf die oberen Böden gefördert, wo es entweder auf die Darre kommt, oder, soll Luftmalz bereitet werden, so ausgebreitet wird, daß es nur circa 2 Zoll hoch liegt.

Daß außerdem eine bequeme Verbindung der über einander liegenden Malzplätze und Böden, mittelst Treppen in der Nähe der Windeöffnungen, statt finden muß, um leicht von einem auf den anderen Boden gelangen zu können, versteht sich von selbst.

Ist das Malz fertig und gut ausgetrocknet, so wird es wie das andere Getreide aufbewahrt, vor dem Verbrauche aber auf der Mühle geschroten, und, weil immer Schrot im Vorrath sein muß, hierzu eine besondere gedielte Kammer, je nachdem es der Raum gestattet, in der Etage oder auf dem Dachboden angelegt. Besser ist es, wenn die Schrotkammer in der Etage Platz findet, um solche möglichst nahe beim Vormaischraum zu haben; doch so, daß die Dünste aus diesem Raume oder aus der Brennstube nicht in dieselbe dringen und das Schrot verderben können.

Da zur Luftmalz-Bereitung die Böden besonders luftig sein, und überhaupt die zum Malzen bestimmten Getreide-Vorräthe trocken und dem Luftzuge ausgesetzt liegen müssen, damit sie nicht dumpfig werden und verderben, werden auf den Böden an den beiden Langseiten nahe über der Dielung durchlaufende Luken angelegt. Dies gilt auch von dem Boden auf dem Kehlgebälke, wenn ein solcher für nöthig erachtet wird. Bodenräume kann man in einem Brennerei-Gebäude nicht genug haben, und deshalb wird in den meisten Fällen auch das Kehlgebälke bedielt.

Die Lukenöffnungen werden mit Drathgittern verschlossen, um die Vögel abzuhalten, außerdem aber auch mit hölzernen Läden versehen, die an ihrem oberen Theile in Charnierbändern hängen und durch eine mit Haken oder Löchern versehene eiserne Schiene am unteren Theile nach der Witterung beliebig gestellt und geschlossen werden können.

§. 12.

Zu einem ordentlichen und geregelten Brennerei-Betriebe gehören zunächst drei verschiedene, von einander abgeschlossene, dem Luftzuge gehörig ausgesetzte Räume im Gebäude selbst, nämlich:

a) der Vormaischraum,

b) der Gährungsraum, und

c) die Brennstube, in welcher der Apparat aufgestellt wird.

Man findet zwar öfters statt dieser drei Räume nur zwei, auch wohl gar nur einen; die Erfahrung lehrt indeß, daß bei drei Räumen neben der mehreren Reinlichkeit eine größere Ausbeute an Branntwein erlangt wird, weil die darin vorkommenden Geschäfte ihrer Natur nach verschieden sind, das eine diese, das andere jene Luft-Temperatur erfordert, die Lage u. s. w. jedes einzelnen Raumes sich also danach richten muß.

Diese drei Räume müssen übrigens so gelegen sein, daß man leicht aus dem einen in den andern gelangen kann. Den Vormaischraum pflegt man gern neben der Brennstube anzubringen.

§. 13.

Der Vormaischraum, worin das Geschäft eigentlich beginnt, muß stets im unteren Stockwerke liegen. Er enthält das Dampffaß, worin die Kartoffeln gekocht werden; die Kartoffel-Mühle zum Quetschen der gekochten Kartoffeln; den Vormaischbottig, worin die Einmaischung geschieht, und ein Wasserfaß zum Kochen des zur Einmaischung nöthigen Wassers.

Dieser Raum wird fast immer mit Gurten und Kappen überwölbt, weil sich hier eine Menge Wasserdämpfe entwickeln, bei welchen eine Balkendecke nur kurze Dauer gewährt. Deshalb ist es auch nothwendig, in dem Gewölbe an einer angemessenen Stelle einen gewölbten sogenannten Qualmfang anzubringen, der die Dämpfe aufnehmen und in einer massiven Röhre zum Dache hinaus führen kann. Die Röhre wird zum Schutz gegen das Eindringen des Regens und Schnees über dem Dache mit einer Kappe von Eisenblech oder Dachziegeln versehen. Außerdem legt man gewöhnlich nahe unter dem Gewölbe auch noch einige kleine Zugöffnungen in den äußeren Umfassungsmauern an.

Die lichte Höhe des Vormaischraumes bis unter den Scheitel der Kappengewölbe darf nicht unter 10 bis 11 Fuß betragen, und gestatten es die Umstände, so ist derselbe wegen der vielen Wasserdämpfe und aus den im §. 14. angeführten Gründen noch höher zu machen.

Der Fußboden desselben wird mit Mauerziegeln auf der flachen Seite gepflastert und mit Kalkmörtel vergossen. Befinden sich aber Keller darunter, so müssen nicht nur deren Gewölbe mit einem dichten Thon- oder Lehmschlage überzogen werden, sondern es ist auch das Pflaster des Vormaischraums in Cement zu legen, damit keine Nässe in die unteren Räume, welche sowohl den darin aufbewahrten Gegenständen, als dem Gebäude selbst nachtheilig sein würde, dringen kann. Ueberdies giebt man dem Pflaster etwas Gefälle nach einer darin anzubringenden flachen Rinne zur Abführung der Nässe nach Außen.

§. 14.

Das Dampffaß, in welches die Kartoffeln *) von oben hineingeschüttet werden, erhält seinen Stand in der Regel außerhalb des Gebäudes neben dem Vormaischraum, so daß es entweder dicht an der Umfassungsmauer oder zum Theil noch in derselben steht, wozu in dieser eine an-

*) Bevor die Kartoffeln in das Dampffaß kommen, läßt man sie über ein aus Latten gefertigtes, mit dem einen Ende etwas geneigt liegendes Gitterwerk (Kartoffelfege genannt) laufen, um sie von dem anklebenden Lande u. s. w. zu reinigen, und wird der Zweck dadurch noch nicht erreicht, was besonders der Fall ist, wenn sie in schwerem Boden gewachsen sind, so werden sie noch in einem eigends dazu bestimmten Gefäße von 3 bis 4 Fuß Tiefe gewaschen. Dies geschieht entweder in einem Keller unter dem Brennerei-Gebäude, der dann wo möglich so groß sein muß, daß gleichzeitig ein mehrwöchentlicher Kartoffelbedarf darin aufbewahrt werden kann, weil Witterung und andere Umstände nicht immer gestatten, täglich den Bedarf aus entfernten Kellern oder aus den im Felde u. s. w. befindlichen Erdgruben zu holen; oder, wenn die Eintheilung der Räume die Anlegung eines Kartoffelkellers im Brennerei-Gebäude selbst nicht zuläßt, dann bleibt nur übrig, das Waschgefäß in der Nähe des Dampffasses so aufzustellen, daß die Kartoffeln ohne große Beschwerlichkeit aus dem ersteren gleich in das letztere gebracht werden können. In diesem Fall wird die Kartoffelfege gewöhnlich auf dem Dachboden aufgestellt.

gemessen weite überwölbte Oeffnung gelassen wird. Einige Brenner ziehen es vor, dasselbe ganz im Vormaischraum aufzustellen, was allerdings den Nutzen hat, daß die äußere Atmosphäre nicht darauf einwirken und also keine Kühlung verursachen kann. Es steht mit seinem Boden auf einem Gerüste oder einer Untermauerung mindestens 4 Fuß über dem Pflaster des Vormaischraums, damit die gekochten Kartoffeln durch die am unteren Theile befindliche, während des Kochens mittelst einer Klappe fest verschlossene quadratförmige Oeffnung in die davor zu setzende, im Wesentlichen aus zwei gegen einander laufende Walzen von 1½ bis 2 Fuß Durchmesser bestehende Quetsch-Mühle fallen oder doch bequem hineingezogen werden können.

Bietet sich die Gelegenheit dar, das Dampffaß 8 Fuß über dem Pflaster des Vormaischraums anzubringen, so kann man die Kartoffeln aus demselben über einen Wolf in den Rumpf der Quetschmühle ziehen und letztere über den Vormaischbottig stellen, was den Vortheil gewährt, daß die gequetschten Kartoffeln gleich in den Vormaischbottig fallen. Dies bedingt aber besonders dann, wenn das Dampffaß ganz innerhalb des Vormaischraums steht, eine verhältnißmäßig größere Höhe des letzteren.

Das Einschütten der Kartoffeln in das Dampffaß geschieht entweder von einer außerhalb gegen dasselbe angebrachten Treppe, oder vom Dachboden aus, wohin die Kartoffeln getragen oder mit einer im Kehlgebälke angelegten Winde *) (deren Tau bis in den Kartoffelkeller reicht, wenn

*) Gestattet es die Einrichtung des Gebäudes, so legt man die Winde so an, daß sie gleichzeitig zum Fördern des Malzes

ein solcher vorhanden ist) gebracht werden. Die viereckige Einschüttungs-Oeffnung im oberen Faßboden wird nach der Füllung ebenfalls mit einer Klappe dicht verschlossen, damit beim Kochen keine Dämpfe entweichen können.

Dasselbe muß so groß sein, daß jedesmal der ganze Bedarf zur Füllung eines Maischbottigs darin abgekocht werden kann; beträgt aber die in einem Maischbottig gleichzeitig einzumaischende Quantität Kartoffeln mehr als 36 Scheffel, so pflegt man auch wohl statt eines Dampffasses zwei dergleichen verhältnißmäßig kleinere neben einander aufzustellen, weil bei einem zu großen Dampffasse das Herausziehen der gekochten Kartoffeln zu viel Zeit wegnimmt, die Kartoffeln inzwischen abkühlen und sich schwerer zerquetschen lassen. Werden also z. B. in einem Maischbottig gleichzeitig zwei Wispel Kartoffeln eingemaischt, so müßte jedes Dampffaß zur Aufnahme von einem Wispel eingerichtet sein.

Häufig wird in denselben ein durchlöcherter Doppelboden etwa 4 bis 6 Zoll vom Unterboden entfernt angebracht, damit sich das beim Kochen aus den Dämpfen niedergeschlagene Wasser darunter sammeln und mittelst eines daselbst angebrachten Hahns abgelassen werden kann. Mit Rücksicht hierauf, und weil die Kartoffeln gewöhnlich gehäuft gemessen werden, rechnet man für jeden Scheffel der gleichzeitig abzudampfenden Kartoffeln durchschnittlich $2\frac{1}{2}$ Kubikfuß Dampfraum, da ein Scheffel Kartoffeln gestrichen allein schon $1\frac{7}{9}$ Kubikfuß erfordert.

---

vom Malzplatze auf die Böden benutzt werden kann, weil sonst 2 Winden nöthig sein würden.

Jener Doppelboden liegt an der Oeffnung, durch welche die gekochten Kartoffeln herausgezogen werden, etwas niedriger, als an der entgegengesetzten Seite, um das Herausziehen zu erleichtern.

Einige Brennereibesitzer lassen den Doppelboden der größeren Reinlichkeit wegen ganz weg und sind der Meinung, daß auch ohne diesen das Wasser durch jenen Hahn gehörig abziehen kann, in welchem Falle natürlich das Dampffaß um die Stärke des Doppelbodens und den darunter befindlichen Raum kleiner wird. Angemessener will aber doch die Einrichtung eines Doppelbodens scheinen, denn die erforderliche Reinlichkeit läßt sich dessen ungeachtet beschaffen.

Die Dampffässer werden oben um etwa $\frac{1}{12}$ ihrer Höhe weiter als unten, gewöhnlich rund, und etwa $1\frac{1}{2}$ mal so hoch angefertigt, als ihr mittler Durchmesser beträgt. Läßt es der Raum zur Aufstellung aber nicht zu, so kann man die Höhe auch etwas vermehren oder vermindern, wie sie grade mit Rücksicht auf das Einschütten der Kartoffeln und die Oertlichkeit am besten paßt. Ueber 4 bis 5 Fuß Durchmesser pflegt man übrigens den Fässern unterhalb selten zu geben.

Die zum Kochen der Kartoffeln erforderlichen Dämpfe werden in einer gewöhnlichen, mit Wasser gefüllten kupfernen Blase, welche ihren Platz meistens in dem Vormaischraum zunächst der Feuerungs-Anlage erhält, entwickelt und von dort durch resp. eine oder zwei kupferne Röhren, je nachdem ein oder zwei Dampffässer aufgestellt werden, in die Mitte derselben geleitet, oder, wenn der Brenn-Apparat durch Dämpfe betrieben wird, gleichzeitig aus dem zu diesem Zweck anzubringenden Dampf-Cylinder. Die Länge jedes Dampfleitungs-Rohrs, dessen lichte Weite nicht über $1\frac{1}{4}$ bis $1\frac{1}{2}$ Zoll zu betragen braucht, ist von der Entfernung des Dampffasses bis zum Dampferzeuger abhängig.

Bei längeren Dampfleitungen besonders durch kältere Räume, wie dies dann vorkommen kann, wenn der Dampferzeuger in einem anderen Gebäudetheile steht, als das Dampffaß, muß man, um das nutzlose Entweichen der Wärme durch die Seitenwände der Röhre zu vermeiden, da Kupfer bekanntlich ein guter Wärmeleiter ist, die Leitungsröhre mit Papier, dann einen halben Zoll stark und zwar ganz dicht mit Flachs, Werk, oder Baumwolle und hiernächst wiederum mit Papier bewickeln, endlich aber zur Conservation und Festhaltung der ganzen Umwickelung dieselbe mit Leinwand benähen oder mit Bindfaden umwinden. Auf diese Weise werden die aus dem Dampferzeuger kommenden Dämpfe zusammengehalten und um so wirksamer in das Dampffaß geführt.

In 1 bis höchstens 2 Stunden, vom Siedepunkt des Wassers in dem Dampferzeuger an gerechnet, sind die Kartoffeln völlig gahr gekocht, je nachdem eine kleinere oder größere Quantität gekocht werden muß.

Wird täglich mehr Maische, als aus einem Maischbottig, verarbeitet, so ändert dies in der Größe und Zahl der Dampffässer nichts ab, weil die Einmaischung in mehreren Maischbottigen nicht gleichzeitig, sondern nach einander erfolgt, und die Kartoffeln für jede Einmaischung besonders abgekocht werden.

§. 15.

Durch den einen oder andern jener Dampferzeuger wird auf gleiche Weise auch das zum Einmaischen nöthige Wasser in dem oben §. 13. erwähnten verschlossenen Wasserfasse zum Kochen gebracht, welches dem Dampferzeuger, soweit es die Umstände gestatten, möglichst nahe stehen muß. Dieses Wasserfaß steht mit seinem Boden circa 12 Zoll über dem Fußboden, um das Wasser mittelst eines Hahns in Eimern ablassen zu können. Seine Größe richtet sich nach der jedesmal einzumaischenden Menge Kartoffeln. Auf einen Scheffel derselben sind 8 bis 10 Quart hinreichend, also pro Wispel 192 bis 240 Quart, oder, weil 27 Quart auf einen Kubikfuß gehen, circa 7 bis 9 Kubikfuß. Dabei muß aber der Inhalt des Fasses selbst um die Hälfte größer werden, so daß es nur auf $\frac{2}{3}$ seiner Höhe angefüllt zu werden braucht, und $\frac{1}{3}$ freier Raum verbleibt, damit das Wasser um so leichter zum Kochen gebracht werden kann; man hat also auf jeden Scheffel 12 bis 15 Quart, oder auf einen Wispel gleichzeitig einzumaischender Kartoffeln 288 bis 360 Quart Faß-Inhalt zu rechnen. Dies giebt pro Wispel $10\frac{2}{3}$ bis $13\frac{1}{3}$ Kubikfuß. Die Form des Wasserfasses ist willkührlich, meistens cylinderförmig und etwa $1\frac{1}{2}$ mal so hoch als weit.

§. 16.

Sind die Kartoffeln gekocht und gequetscht, so kommen sie in den Vormaischbottig, wo sie mit warmem Wasser und dem Malzzusatze zu einem dicken Brei verarbeitet werden. Dieser Bottig wird des bequemeren Arbeitens wegen nur $2\frac{1}{4}$ bis 3 Fuß in den Stäben hoch und erhält gewöhnlich eine elliptische Form. Auf einen Scheffel der jedesmal einzumaischenden Menge Kartoffeln mit Einschluß des erforderlichen Malzzusatzes werden 80 bis 90 Quart oder 3 bis $3\frac{1}{3}$ Kubikfuß Vormaischbottig gerechnet. Derselbe wird zwar hierbei bei Weitem noch nicht angefüllt, indem aus einem Scheffel Kartoffeln mit dem Malzzusatze nur circa 54 bis 60 Quart = 2 bis $2\frac{2}{9}$ Kubikfuß dicke Maische gemacht werden, das sorgfältige und fleißige Bearbeiten des Maischguts erfordert aber einen so großen Raum.

Meistens giebt man dem Vormaischbottig die Größe der Maischbottige, worüber §. 19. das Nähere vorkommt.

§. 17.

Die Kartoffelmaische geht ihren Zuckerbildungsprozeß am zweckmäßigsten bei einer Temperatur von 40 bis 50 Grad durch; ist dies aber geschehen, so ist deren schnelle Abkühlung nöthig, weil sie sonst leicht sauer wird, was auf die Branntwein-Ausbeute einen nachtheiligen Einfluß hat *).

Zu diesem Zweck ist die Aufstellung eines besonderen Kühlschiffes nöthig. Einige bringen es außerhalb des Brennerei-Gebäudes nahe am Vormaischraum, wo möglich an der Nordseite, so an, daß die herrschenden Winde aus Westen darüber wegstreichen können. Je kühler und freier

*) Aus diesem Grunde wird auch gewöhnlich in den 3 heißen Sommermonaten Juni, Juli und August nicht gebrannt, denn die zu hohe Lufttemperatur ist der schnellen Abkühlung hinderlich.

es steht, und je mehr es dem Luftzuge ausgesetzt ist, je besser ist es für die Abkühlung der Maische, weshalb man, insofern Seen oder Gewässer in der Nähe sind, es auch gern gegen diese gekehrt stellt. Ist örtlicher Behinderungen wegen weder das eine, noch das andere ausführbar, so muß man das Kühlschiff mit einer Bedachung versehen und die Seitenwände mit Latten verschlagen, damit wenigstens die unmittelbare Einwirkung der Sonne abgehalten wird, und dennoch Luftzug statt findet. Andere dagegen halten es für besser, das Kühlschiff im Gebäude selbst in einem besonders dazu bestimmten Raume anzubringen, der an einem Giebel liegt, durch die ganze Tiefe des Gebäudes von Westen nach Osten geht, eine aus Balken mit darüber gelegten gespundeten Brettern bestehende Decke und in den Außenwänden Lukenöffnungen, deren Brüstungen mit der Oberkante des Kühlschiffs gleich hoch liegen, erhält, weil es hier kühler liegen, dem Luftzuge noch mehr ausgesetzt sein soll, und die Kühlung also um so rascher erfolgt. Indeß vermehrt dies die Baukosten bedeutend, weil das Gebäude um so größer werden muß, und wo daher nicht überwiegende örtliche Gründe dagegen sprechen, verdient die Aufstellung desselben außerhalb den Vorzug.

Es erhält eine gradlinichte Form, wird von $2\frac{1}{2}$ bis 3 zolligen Bohlen, $\frac{1}{6}$ Fuß in den 4 Seitenwänden (innerhalb) hoch gemacht, mit einem circa 2 bis $2\frac{1}{2}$ Fuß breiten Gang umgeben, damit die arbeitenden Personen überall Zutritt finden, und auf ein Gerüste gestellt, dessen Höhe sich nach den örtlichen Umständen richtet.

Kann man den Fußboden des Vormaischraums so hoch anlegen, daß die Oberkante des Kühlschiffes etwas tiefer liegt, so läßt sich die dicke Maische aus dem Vormaischbottig durch eine in dessen Boden angebrachte Oeffnung und mittelst einer Rinne gleich in das Kühlschiff leiten, wodurch viel Zeit gewonnen wird; anderen Falls wird die Maische durch Schöpfen und eine Rinne, oder durch eine Pumpe dahin gebracht. Das Kühlschiff aber muß immer eine solche Stellung erhalten, daß es mit seinem Boden über der Oberkante der Maischfässer liegt, um die Maische ohne große Nachhülfe mittelst Rinnen, oder Röhren in letztere lassen zu können. Beide Zwecke lassen sich erreichen, wenn der Fußboden des Vormaischraums wenigstens 7 bis 8 Fuß höher, als der des Gährungsraums, liegt.

Die Maische darf höchstens nur 3 Zoll hoch in dem Kühlschiffe stehen, damit die Abkühlung um so schneller erfolgt, und weil, wie angeführt, ein Scheffel Kartoffeln mit Malzzusatz äußersten Falls 60 Quart = $2\frac{2}{9}$ Kubikfuß dicke Maische giebt, so erfordert jeder Scheffel der mit einem Male einzumaischenden Menge Kartoffeln mit dem Malzzusatze genau $8\frac{8}{9}$ oder abgerundet 9 Quadratfuß Kühlschiff; also ein Wispel = 216 Quadratfuß Kühlschiff, wonach auf einen Quadratfuß Kühlschiff $6\frac{2}{3}$ Quart dicke Maische kommen.

Hat dasselbe eine ganz besonders kühle und luftige Lage, so kann man die Maische auch allen Falls 4 bis 5 Zoll hoch darin stehen lassen; alsdann sind durchschnittlich nur circa 6 Quadratfuß Kühlschiff auf jeden Scheffel der gleichzeitig eingemaischten Menge Kartoffeln oder auf einen Wispel 144 Quadratfuß Kühlschiff erforderlich, wonach auf einen Quadratfuß Kühlschiff 10 Quart dicke Maische kommen. Besser ist es aber immer, auch unter so günstigen Umständen die vorher bemerkten größeren Abmessungen anzunehmen. Wird man aus Mangel an hinlänglichem Raum zur Aufstellung eines kleineren Kühlschiffs gezwungen, so bleibt nichts übrig, als besondere künstliche Kühlungs-Apparate anzuwenden, die freilich mehr Zeit-, Kraft- und Kostenaufwand erfordern.

§. 18.

In dem Gährungsraum befinden sich lediglich die Maischbottige, worin die Maische, nachdem sie durch Zuthun von kaltem Wasser bis zu einer Temperatur von circa 15 Grad abgekühlt ist, mit Hefe zur Gährung gestellt wird. Dieser Raum muß eine gleichmäßige und nicht zu hohe Temperatur (am besten 12 bis 15 Grad) haben, damit die Gährung regelmäßig und vollständig von Statten geht. Deshalb wird er in der Regel im Souterrain angebracht. Er muß eben so wie das Kühlschiff in der Nähe des Vormaischraums liegen, damit die Maische auf dem kürzesten und leichtesten Wege aus dem letzteren in das Kühlschiff und von hier in den Gährungsraum gebracht werden kann.

Der Gährungsraum wird bei einer lichten Höhe von 9 bis 10 Fuß entweder überwölbt, oder, was man in neuerer Zeit zuweilen vorgezogen hat, mit einer Balkendecke versehen, weil diese ganz grade ist, und man es also mehr in seiner Gewalt hat, durch die außer den Fenstern noch dicht unter der Decke anzubringenden 8 bis 9 Zoll im Quadrat großen Zugöffnungen den Umständen nach eine veränderte und reinere Luft im Gährungsraume zu beschaffen, als es bei Gewölben, welche viele Winkel und

Krümmungen bilden, möglich sein soll. Freilich bleibt oft keine Wahl übrig, denn wenn z. B. aus besonderen Gründen der Gährungsraum unter dem Vormaischraume, oder der Brennstube angelegt werden muß, so muß solcher auch überwölbt werden, weil nicht nur die Belastung der Balkendecke auf einzelnen Punkten zu bedeutend werden, sondern auch wegen der unvermeidlichen Nässe darüber dieselbe nur kurze Dauer versprechen würde. Ist es dagegen zulässig, den Gährungsraum unter der Brenner-Wohnung, oder unter dem Malzraume anzulegen, so kann man eine Balkendecke wählen; doch erfordert es auch dann die Vorsicht, die Balken und Unterzüge zur Conservation des Holzes vor ihrem Einlegen von allen Seiten tüchtig zu theeren und die untere Seite der Decke zu schaalen, zu rohren und mit Gypskalk glatt zu putzen, das darüber befindliche Pflaster in dem Malzraume aber sorgfältig in Cement zu legen.

Hinsichts der größeren Dauer verdienen gewölbte Dekken jedenfalls den Vorzug, und da man die Gährungsräume in der Regel durch die ganze Tiefe der Gebäude gehen läßt und ihnen in den nach Außen liegenden Umfassungsmauern eine hinlängliche Anzahl Fenster geben, auch hier eben so gut, wie bei den Balkendecken, die oben erwähnten kleinen Zugöffnungen dicht unter den Gewölben anbringen kann, um Kühlung u. s. w. eintreten zu lassen, wenn bei zu hoher Temperatur die Gährung zu heftig vor sich geht, so sollte man niemals hiervon abgehen. Jene Zugöffnungen müssen übrigens zum Verschließen eingerichtet sein, welches entweder mit kleinen, in Mauerpfalz einschlagenden

Bretttḧürchen, oder mit Thüren von Eisenblech, die den Umständen nach Zargen erhalten, geschieht.

Außerdem bringt man zur Abführung des sich bei der Gährung entwickelnden kohlensauren Gases, wenn sonst der Gährungsraum keine hinlänglich freie und luftige Lage hat, zuweilen noch einen kleinen Kamin, dessen Heerd einen Fuß über dem Fußboden des Gährungsraumes liegt, in dem letzteren an, in welchem nach dem Erforderniß zur besseren Erreichung des Zwecks zuweilen etwas Feuer angemacht werden muß. Dieser Kamin wird ungefähr $1\frac{1}{2}$ Fuß breit; die Schornsteinröhre desselben braucht aber nur etwa 9 Zoll im Quadrat weit zu werden.

Der Fußboden wird durchweg mit Mauerziegeln gepflastert. Im §. 21. das Nähere darüber.

§. 19.

Die Größe und Zahl der Maischbottige betreffend, so muß zuvörderst bemerkt werden, daß ein Scheffel Kartoffeln, zu 100 Pfund angenommen, nur circa 25 Pfund trockene Substanz und 75 Pfund Wässrigkeit enthält, und daß zum Einmaischen eines Pfundes trockner Substanz überhaupt 7 bis höchstens 8 Pfund Wasser erforderlich sind. Rechnet man ferner, daß zur Einmaischung eines jeden Scheffels Kartoffeln mindestens 4 Pfund Malzschrot verbraucht werden, wie dies in der Regel geschieht, so ergiebt sich, daß mit Rücksicht darauf, daß zum Steigen der Maische während der Gährung etwa $\frac{1}{13}$ des gesammten Maischraums nöthig ist, ein jeder Scheffel Kartoffeln mit Einschluß des Malzzusatzes und der Hefe, je nachdem die Kartoffeln weniger oder mehr mehlreich sind, kühlere oder wärmere Witterung *) statt findet, 84 bis 92 Quart oder $3\frac{1}{9}$ bis $3\frac{5}{12}$ Kubikfuß **) Maischbottig erfordert.

Wird indeß der Brenn-Apparat nicht durch eine eigene Feuerung, sondern durch Wasserdämpfe, worüber §. 32. das Nöthige vorkommt, betrieben, so kann man etwas dicker einmaischen und braucht dann nur 80, höchstens 84 Quart Maischbottig auf den Scheffel Kartoffeln mit 4 Pfund Malzzusatz u. s. w. zu rechnen, weil jene Dämpfe die Maische beim Kochen in der Blase verdünnen, auch ein Anbrennen derselben nicht zu fürchten ist.

Kleiner als zu 300 Quart = $11\frac{1}{9}$ Kubikfuß dürfen gesetzlich keine Maischbottige angefertigt werden, und das Minimum der täglich zu verschwelenden Maische darf gesetzlich nicht unter 600 Quart = $22\frac{2}{9}$ Kubikfuß betragen.

Für die Branntwein-Fabrication ist es zwar vortheilhaft, möglichst große Maischbottige anzufertigen, denn die Gährung schreitet um so sicherer und gleichförmiger vor, je größer die gährende Masse ist. Indeß pflegt man sie selten über 3000 Quart = $111\frac{1}{9}$ Kubikfuß groß zu machen, da das gehörige Durcharbeiten des Maischguts in einem zu großen Gefäße, wenn auch nicht unmöglich, doch hier

---

*) Bei wärmerer Witterung wird nämlich etwas dünner eingemaischt.

**) 27 Quart = 1 Kubikfuß = 1728 Kubikzoll; daher
1 — = $\frac{1}{27}$ — = 64 —
und weil
1 Kubikfuß Wasser 66 Pfund wiegt, so wiegt
1 Quart Wasser $2\frac{4}{9}$ Pfund.

seine Schwierigkeiten hat, wo die Maischbottige ohne Raumverschwendung nicht von allen Seiten zugänglich sein können.

In mehreren Brennereien, wo in dem Dampffasse jedesmal 1 Wispel Kartoffeln abgekocht wird, jeder der Maischbottige also die Größe zur Aufnahme der Maische von einem Wispel Kartoffeln mit dem nöthigen Malzzusatze haben muß, wurden dieselben zu 2200 Quart = $81\frac{13}{27}$ Kubikfuß Inhalt vorgefunden, wonach auf einen Scheffel Kartoffeln mit Malzzusatz $91\frac{2}{3}$ Quart Maischbottig kommen. Dagegen fand man solche unter gleichen Voraussetzungen in anderen Brennereien, deren Apparat aber durch Wasserdämpfe betrieben wurde, nur zu resp. 1920 bis 2000 Quart Inhalt an, wonach auf einen Scheffel Kartoffeln mit Malzzusatz resp. 80 bis beinahe 84 Quart Maischbottig kommen.

Steht die täglich zu verschwelende Menge Kartoffeln fest, so läßt sich hiernach die Größe und Zahl der Maischbottige ermitteln, und weil der Gährungs-Prozeß der Maische 2 bis 3 Tage dauert, so sind, je nachdem 2 oder 3tägige Maische (fälschlich 3 oder 4tägige Maische genannt) verschwelt wird, bei einem fortgesetzten Betriebe resp. 3 oder 4mal soviel Maischbottige erforderlich.

Bei Kartoffeln ist die Maische gewöhnlich erst in 72 Stunden zur weiteren Verarbeitung reif, sie wird dann am 4ten Tage abgebrannt, und es sind also dann auch 4mal so viel Maischbottige, als die täglich einzumaischende Menge Kartoffeln bedingt, nöthig.

Bei einem täglichen Betriebe von 1 bis $1\frac{1}{2}$ Wispeln giebt man den Maischbottigen gewöhnlich die Größe zur

Aufnahme dieses ganzen Bedarfs, wonach also im ersten Falle 4 Maischbottige à 2000 bis 2200 Quart, und im anderen Falle 4 Maischbottige à 3000 bis 3300 Quart Inhalt nöthig sind. Bei einem größeren Betriebe, z. B. bei 2 oder 3 Wispeln täglich, theilt man aber dieses Quantum, um nicht zu große Gefäße zu bekommen, und maischt es in zwei Abtheilungen ein, so daß dann im ersten Falle 8 Maischbottige à 2000 bis 2200 Quart, und im anderen Falle 8 Maischbottige à 3000 bis 3300 Quart erfordert werden.

Gewährt der Gährungsraum Platz genug, außerdem noch einen Reserve-Maischbottig aufzustellen, so hat dies insofern seinen Nutzen, als man dann im Gebrauch der Maischbottige weniger beschränkt ist und mehr Zeit auf die Reinigung derselben verwenden kann, die auf die Branntwein-Ausbeute einen sehr wesentlichen Einfluß übt und deshalb nicht genug empfohlen werden kann.

Des bequemeren Einmaischens wegen macht man die Maischbottige gewöhnlich nur 3 bis $3\frac{1}{2}$ Fuß im Innern hoch, so daß sie mit Einschluß der Bodenstücke und des unter dem Boden vorstehenden Theils der Dauben, welche zusammen etwa 5 Zoll betragen, überhaupt resp. $3\frac{5}{12}$ bis $3\frac{11}{12}$ Fuß Höhe haben, und giebt ihnen eine elliptische Form, etwa nach dem Verhältniß 4 : 3, oder 5 : 3, wie man grade mit dem Raume auskommt.

§. 20.

Zur leichteren Uebersicht bei der Größenbestimmung der Gährungsgelasse sind hier zwei Tabellen von den Abmessungen verschiedener elliptischer Maischbottige und dem denselben entsprechenden Quart-Inhalte, mit Rücksicht auf die vorher für die Gefäße gegebenen Längen- und Breiten-Verhältnisse (mit Weglassung der Bruchtheile) beigefügt; bei deren Benutzung aber nicht außer Acht zu lassen ist, daß sich die Maaße auf die inneren (lichten) Abmessungen der Gefäße beziehen, und daher bei der Feststellung des Flächenraums zum Stellen derselben nicht nur die Stärke der circa 2 Zoll dicken Faßdauben, sondern, wenn die Gefäße wie gewöhnlich unten etwas weiter als oben sind, auch die mehrere untere Weite noch hinzugerechnet werden muß, da die Tabellen nur solche Gefäße nachweisen, welche oben und unten, mithin in ihrer ganzen Höhe, gleiche Weite haben.

Ohne große Fehler zu begehen, kann man bei nach oben etwas verjüngten Gefäßen die in den Tabellen angegebenen beiden größten Durchmesser für die Länge und für die Breite als die **mittleren** ansehen, so daß, wenn z. B. ein 3 Fuß hohes Gefäß von circa 2300 Quart erfordert wird, dessen obere Weite 3 bis 4 Zoll weniger als unten betragen, und dessen Länge zur Breite sich wie 4 : 3 verhalten soll, man in der ersten Tabelle die jener Quartzahl am nächsten kommenden Abmessungen 84 und 63 Zoll als die beiden größten mittlern Durchmesser aufsucht *) und danach dem Fasse oben 82 Zoll innerer Länge und 61½ Zoll innerer Breite und im Boden 86 Zoll innerer Länge und 64½ Zoll innerer Breite giebt. Mehr als 3 bis 4

*) Auf einige Quart mehr oder weniger kommt es hierbei weiter nicht an.

Zoll pflegt die untere Weite die obere selten zu übersteigen; man wird also nicht fehlen, wenn man bei einer bestimmten Quartzahl zu den derselben entsprechenden, in den Tabellen aufzusuchenden Abmessungen für die Stärke der Faßdauben und für die mehrere untere Länge der Gefäße circa sechs Zoll, und bei der Breite zu gleichem Zwecke fünf und einen halben Zoll zusetzt, um die Größe der Grundfläche, welche der Maischbottig einnimmt, zu erhalten.

I. Tabelle.

Innere Abmessungen der Gefäße bei einem bestimmten Quart-Inhalte, wenn sich ihre beiden größten Durchmesser etwa wie 4 : 3 verhalten.

Bei 3 Fuß Höhe			Bei 3¼ Fuß Höhe			Bei 3½ Fuß Höhe		
Größter Durchmesser nach der		Inhalt	Größter Durchmesser nach der		Inhalt	Größter Durchmesser nach der		Inhalt
Länge	Breite		Länge	Breite		Länge	Breite	
Zoll	Zoll	Quart	Zoll	Zoll	Quart	Zoll	Zoll	Quart
75	56	1855	72	54	1861	70	52	1876
76	57	1914	73	55	1921	71	53	1939
77	58	1973	74	55	1948	72	54	2004
78	58	1999	75	56	2010	73	55	2069
79	59	2059	76	57	2073	74	55	2097
80	60	2121	77	58	2138	75	56	2164
81	61	2183	78	58	2165	76	57	2232
82	61	2210	79	59	2231	77	58	2301
83	62	2273	80	60	2297	78	58	2331
84	63	2338	81	61	2365	79	59	2402
85	64	2403	82	61	2394	80	60	2474
86	64	2432	83	62	2463	81	61	2546
87	65	2499	84	63	2532	82	61	2578
88	66	2566	85	64	2603	83	62	2652
89	67	2635	86	64	2634	84	63	2727
90	67	2664	87	65	2706	85	64	2804
91	68	2734	88	66	2780	86	64	2837
92	69	2805	89	67	2854	87	65	2915
93	70	2876	90	67	2886	88	66	2994
94	70	2907	91	68	2962	89	67	3074
95	71	2979	92	69	3038	90	67	3108
96	72	3053	93	70	3116	91	68	3190
97	73	3128	94	70	3149	92	69	3272
98	73	3161	95	71	3228	93	70	3356
99	74	3237	96	72	3308	94	70	3392
100	75	3313	97	73	3389	95	71	3477
101	76	3391	98	73	3424	96	72	3563
102	76	3424	99	74	3506	97	73	3650

II. Tabelle.

Innere Abmessungen der Gefäße bei einem bestimmten Quart-Inhalte, wenn sich ihre beiden größten Durchmesser etwa wie 5 : 3 verhalten.

Bei 3 Fuß Höhe			Bei $3\frac{1}{4}$ Fuß Höhe			Bei $3\frac{1}{2}$ Fuß Höhe		
Größter Durchmesser nach der Länge	Größter Durchmesser nach der Breite	Inhalt	Größter Durchmesser nach der Länge	Größter Durchmesser nach der Breite	Inhalt	Größter Durchmesser nach der Länge	Größter Durchmesser nach der Breite	Inhalt
Zoll	Zoll	Quart	Zoll	Zoll	Quart	Zoll	Zoll	Quart
85	51	1915	82	49	1923	79	47	1914
86	52	1975	83	50	1986	80	48	1979
87	52	1999	84	50	2010	81	49	2046
88	53	2061	85	51	2075	82	49	2071
89	53	2084	86	52	2141	83	50	2139
90	54	2147	87	52	2165	84	50	2165
91	55	2211	88	53	2232	85	51	2234
92	55	2236	89	53	2258	86	52	2305
93	56	2301	90	54	2326	87	52	2332
94	56	2326	91	55	2395	88	53	2404
95	57	2393	92	55	2421	89	53	2431
96	58	2460	93	56	2492	90	54	2505
97	58	2485	94	56	2519	91	55	2580
98	59	2554	95	57	2591	92	55	2608
99	59	2580	96	58	2665	93	56	2685
100	60	2650	97	58	2693	94	56	2713
101	61	2722	98	59	2767	95	57	2791
102	61	2748	99	59	2796	96	58	2870
103	62	2821	100	60	2872	97	58	2900
104	62	2848	101	61	2949	98	59	2980
105	63	2922	102	61	2978	99	59	3011
106	64	2997	103	62	3056	100	60	3095
107	64	3026	104	62	3086	101	61	3176
108	65	3102	105	63	3166	102	61	3207
109	65	3130	106	64	3247	103	62	3291
110	66	3207	107	64	3278	104	62	3324
111	67	3285	108	65	3360	105	63	3410
112	67	3315	109	65	3391	106	64	3497

§. 21.

Die Maischbottige müssen stets von gesundem und festem Holze, entweder von Eichen- oder von Kiefern-Kern-Holz angefertigt werden, weil die Erfahrung lehrt, daß dies nicht nur dem Gedeihen der Maische selbst am zuträglichsten ist, sondern dieselben dann auch die größte Dauer gewähren.

Kann man auf eine gleichmäßige Temperatur im Gährungsraume mit Sicherheit nicht rechnen, sondern wechseln Kälte und Wärme darin ab, so werden die Maischbottige mit Deckeln von Brettern, aus zwei Theilen bestehend, zugedeckt.

Die Maischbottige werden gewöhnlich auf Unterlagen etwa 1 Fuß hoch über den mit Mauersteinen auf der flachen Seite gepflasterten Fußboden des Gährungsraums an den Wänden herum, mit der langen Seite neben einander so gestellt, daß sich ihr Boden ungefähr 1 bis 1½ Zoll nach vorn, wo sich das Zapfenloch in demselben befindet, neigt.

Der größeren Reinlichkeit wegen werden die Räume unter den Maischbottigen und zwar hinter den Zapfenlöchern, also etwa 9 bis 12 Zoll von der Vorderkante der Gefäße ab, einen Stein stark vermauert, und diese Vermauerungen zwischen den Gefäßen und zwischen diesen und den Wänden beinahe bis zur Oberkante der ersteren fortgeführt, dann die dahinter bleibenden, die Gefäße umgebenden Räume mit Lehm ausgestampft und zuletzt oben mit Ziegeln auf der flachen Seite in Kalkmörtel, nach vorn etwas abfallend, abgepflastert, wobei das Pflaster hinten an den Gefäßen etwa 3 Zoll und vorn 6 Zoll tiefer liegt, als deren Oberkante.

Ist der Gährungsgelaß groß genug, daß die Maischbottige umgangen und die Zwischenräume bequem gereinigt werden können, so läßt man die Vermauerung zwischen den Seitenwänden der Gefäße weg und führt bloß die Untermauerung bis zur Unterkante der Gefäße aus, verfüllt den dahinter befindlichen Raum gleich hoch und pflastert solchen ebenfalls mit Ziegeln auf der flachen Seite in Kalkverguß so ab, daß das Pflaster nach vorn etwas abfällt, damit beim Scheuern und Waschen desselben die Nässe abfließen kann.

In beiden Fällen gewährt die Abpflasterung eine größere Dauer, wenn man die Fugen zwischen den Ziegeln mit Cement vergießt.

Das Ziegelpflaster des freien Raums vor den Maischbottigen, welches ebenfalls mit Kalkmörtel, oder besser mit Cement vergossen wird, muß nach der einen Seite hin etwas Gefälle erhalten, um beim Reinigen desselben das Spülwasser nach einem Punkte leiten zu können, wo es durch einen Kanal nach Außen entweder in eine gemauerte, beim eintretenden Bedürfniß auszuschöpfende oder auszupumpende Grube, oder, wenn der Fußboden des Gährungsraums höher als das äußere Terrain liegt, unmittelbar ins Freie geführt wird.

§. 22.

Grade unter den Zapfenlöchern der Maischbottige liegt eine circa 3 Zoll weite kupferne Röhre, welche mit jedem Zapfenloche in Verbindung steht, das vom Gefäße aus abgeschlossen werden kann, oder, wenn die Maischbottige nicht an einer, sondern an zwei oder drei Wänden, also in 2 oder 3 Reihen stehen, so sind resp. 2 oder 3 dergleichen Röhren nöthig, die dann mit einander verbunden werden. Von diesen führt eine gemeinschaftliche Röhre ebenfalls 3 Zoll weit nach einer gelegenen Stelle der Brennstube, wo sie mit einer vereinigten Saug- und Druckpumpe in Verbindung steht, welche die Maische aus den Maischbottigen hebt und gleichzeitig mittelst ähnlicher Röhren nach dem Vorwärmer leitet. Ist der Betrieb von der Ausdehnung, daß 2 Apparate aufgestellt werden müssen, so erhält das Leitungsrohr zunächst der Apparate zwei mit Hähnen versehene Arme, so daß man, wie es das Bedürfniß erheischt, den einen oder anderen Vorwärmer mit ein und derselben Pumpe füllen kann.

Auf diese Weise wird die reife Maische auf die einfachste und reinlichste Weise aus den Maischbottigen in den Vorwärmer geschafft, und man sollte dieselbe daher immer wählen. Doch geben Viele, weil ihnen die erste Ausgabe für die kupfernen Röhren zu bedeutend ist, nicht dieser, sondern der folgenden Einrichtung, die deshalb ebenfalls beschrieben werden soll, den Vorzug. Statt der kupfernen Röhren, jedoch eben so wie diese, werden nämlich einfache, aus 3 Brettern construirte Rinnen unter die Zapfenlöcher gelegt und den Umständen nach mit einander verbunden; dieselben führen aber die Maische zuvörderst nach einem gemeinschaftlichen Reservoir, und aus diesem Grunde erhalten die Rinnen ein angemessenes Gefälle nach dem letzteren hin.

§. 23.

Der Maischreservoir, in welchem die ausgegohrene (reife) Maische gelassen wird, muß seine Stellung wo möglich unter der Brennstube, oder doch nicht weit davon erhalten, so daß die Maische mittelst einer darin stehenden, bis in die Brennstube reichenden Saugepumpe unmittelbar in den zum Brenn-Apparat gehörigen Maischwärmer geschafft werden kann; und weil, wie oben angegeben, die Maische aus den Maischbottigen in Rinnen nach dem Reservoir geleitet wird, so folgt daraus, daß letzterer um seine ganze Höhe tiefer als jene Rinnen stehen, mithin in dem Kellerpflaster versenkt sein muß, wozu eine ausgemauerte Grube angelegt wird, die Größe genug hat, den Reservoir bequem einzulassen. Er besteht gewöhnlich aus einem runden Fasse, dessen Höhe dem Durchmesser gleich ist, und dessen Kubikinhalt $1\frac{1}{2}$ mal so viel, als der eines Maischbottigs, beträgt, damit die etwa schneller abgegohrene Maische nicht länger in den Maischbottigen gehalten zu werden braucht, und für die Reinigung derselben desto mehr Zeit gewonnen wird; denn, wie früher angeführt, hängt von der Reinlichkeit im Gährungsraume und der Gefäße außerordentlich viel ab. Hiernach ist also für jeden Scheffel der für einen Maischbottig bestimmten Menge Kartoffeln nebst Malzzusatz $1\frac{1}{2} \times 84$ bis $1\frac{1}{2} \times 92 = 126$ bis 138 Quart oder $4\frac{2}{3}$ bis $5\frac{1}{9}$ Kubikfuß Maischreservoir erforderlich.

Die runde Form des Gefäßes wählt man deshalb, um das Umrühren der Maische von der Brennstube aus bequem bewerkstelligen zu können. Zu diesem Behuf befindet sich am unteren Ende einer in der Mitte des Reservoirs neben der Maischpumpe aufgestellten und bis in die

Brennstube hinaufreichenden hölzernen Welle ein durchbrochener Brettflügel, welcher durch eine am oberen Ende der Welle angebrachte Kurbel, insoweit es die Maischpumpe gestattet, hin- und herbewegt werden kann, und wodurch die Maische hinlänglich durch einander gemischt wird.

Sollte man beim Ausmauern der Reservoirgrube auf Grundwasser stoßen, so ist es am zweckmäßigsten, statt dessen einen förmlichen Brunnenkessel von etwas größerem Durchmesser, als dem des Reservoirs, durch Bohren einzusenken und da hinein den Reservoir zu stellen.

Der Reservoir muß zwar von dem Gährungsraume zugänglich, jedoch abgeschlossen von demselben und außerdem mit Bohlen oder starken Brettern zugedeckt sein.

§. 24.

Die meisten Brennerei-Besitzer bereiten die zum Stellen der Maische erforderliche Hefe selbst, welche aus Maisch- und Malzschrot besteht, eine vorzüglich kräftige Gährung hervorbringen und einen besonders günstigen Einfluß auf die Ausbeute an Branntwein haben soll.

Sie erfordert einen Zeitaufwand von circa 48 Stunden, bis sie zum Gebrauche reif ist, und kann also am dritten Tage zu ihrem Zwecke benutzt werden; da sich indessen ihre volle Wirksamkeit nur auf den Zeitraum von 2 bis 3 Stunden beschränkt, und daher während dieser Periode das Stellen der Maische erfolgen muß, ferner jede Störung der Hefenmasse einen nachtheiligen Einfluß auf dieselbe haben soll, so folgt daraus, daß in Brennereien, wo täglich mehrere Bottige bemaischt werden, und die Menge des Maischguts so groß ist, daß das Einmaischen und Abstellen nicht in sämmtlichen für den nämlichen Tag hierzu bestimmten Bottigen gleichzeitig erfolgen kann, dreimal so viel Hefengefäße erforderlich sind, als an einem Tage Bottige zur Einmaischung kommen.

Die Größe eines jeden Hefengefäßes wird zu höchstens $\frac{1}{18}$ des Rauminhalts von demjenigen Bottige bestimmt, dessen Maische mit der in dem Hefengefäße bereiteten Hefe gestellt wird.

Hiernach sind, wenn z. B. nach §. 19. täglich 2 Wispel Kartoffeln in 2 Bottigen jeder zu 2200 Quart Inhalt eingemaischt werden, dazu $2 \times 3 = 6$ Hefengefäße à $\frac{2200}{18} = 122\frac{2}{9}$ Quart Inhalt erforderlich *).

Die Hefengefäße erhalten ihre Stellung gewöhnlich im Souterrain, in einem von dem Gährungsraume abgesonderten Gelasse, oder, wenn ein solcher nicht vorhanden ist oder eingerichtet werden kann, oder wenn derselbe im Winter zu kühl sein sollte, was der Bereitung der Hefe hinderlich ist, in der Brennstube, von der im folgenden § die Rede ist.

§. 25.

Die Brennstube, welche ihren Platz im unteren Stockwerke erhält, ist hauptsächlich dazu bestimmt, den Brenn- oder Destillir-Apparat darin aufzustellen **), und

*) Der Gebrauch einer so großen Anzahl von Hefengefäßen in den Brennereien der preußischen Monarchie ist übrigens nur unter gewissen von der Steuer-Behörde gestellten Bedingungen zulässig.

**) Wie §. 24. erwähnt, erhalten auch die Hefengefäße ihren Platz darin, wenn ein anderer Raum hierzu nicht vorhanden, oder dieser im Winter zu kühl ist.

mittelst desselben den in der reifen Maische enthaltenen, durch die Gährung aus dem Zuckerstoff gebildeten Alkohol durch die Destillation zum weiteren Gebrauch als Branntwein oder Spiritus herauszuziehen.

Sie wird der Feuersicherheit und der während der Destillation sich entwickelnden Wasserdämpfe wegen gewöhnlich mit Gurten und dazwischen gespannten Kappen überwölbt. Ihre lichte Höhe richtet sich nach der des aufzustellenden Apparats, welche selten 11 bis 12 Fuß übersteigt. Gestattet es die übrige Gebäude-Einrichtung nicht, der Brennstube eine dem Apparate entsprechende Höhe zu geben, oder will man solche zur Verminderung der Baukosten beschränken, so bleibt nichts übrig, als die Entlutterungsbecken (§. 29.), welche sich sonst gewöhnlich über dem Maischwärmer befinden und den höchsten Theil des Brenn-Apparats ausmachen, neben dem Maischwärmer etwas tiefer anzubringen; oder, wenn dies nicht geschehen soll, den Theil der Decke über dem Apparat, wo die Becken stehen, angemessen zu erhöhen. — Diese Erhöhung tritt dann auf dem Boden über der Brennstube hervor, was jedoch in mehrfacher Beziehung ein Uebelstand und daher weniger zu empfehlen ist, als das erst genannte Auskunftsmittel.

Ueber den Becken oder in deren Nähe ist ein massiver Qualmfang anzubringen, dessen Röhre die Dämpfe aus der Brennstube zum Dache hinausführt und dieselbe Einrichtung erhält, wie die im §. 13. beim Vormaischraume beschriebene. Die dort erwähnten Zugöffnungen in den äußeren Umfassungsmauern nahe unter den Gewölbekappen sind auch hier von Nutzen, weil sie die Reinigung der Luft in der Brennstube befördern helfen.

Hinsichts der Pflasterung des Fußbodens gilt überall dasjenige, was §. 13. wegen Pflasterung des Vormaisch-raumes gesagt ist.

Die Destillation geschieht entweder auf die bekannte alte Weise, wonach aus der Maische erst Lutter, und aus diesem der Branntwein gezogen, oder unter Anwendung eines der verschiedenen neueren Apparate von Dorn, Pistorius u. s. w., wo aus der Maische gleich bei der ersten Destillation Branntwein gewonnen wird.

Hinsichts der alten Art wird beiläufig bemerkt, daß:

a) nach Maaßgabe der täglich zu verschwelenden Maische resp. eine oder zwei Maisch- (Lutter-) Blasen und eine Wienblase, und zu jeder Blase ein Kühlfaß gehören;

b) in der gesetzlichen Brennfrist von 14 Stunden täglich jede Maischblase mindestens 4 mal abgetrieben werden kann, dieselbe also, oder, wenn zwei angelegt werden, beide zusammen so groß sein müssen, daß sie bei viermaliger Füllung das für den Tag bestimmte Maischquantum aufnehmen;

c) in der Wienblase während jener Brennfrist mindestens zweimal Lutter zu Branntwein abgetrieben werden kann, und weil 5 Quart Maische durchschnittlich 1 Quart Lutter geben, die Wienblase nur $\frac{1}{10}$ des Kubikinhalts der für jeden Tag abzuschwelenden Maische zu haben braucht;

d) das Verhältniß des Durchmessers der Blasen zu deren Seitenhöhen gewöhnlich wie 5:2 ist; und

e) die Kühlfässer oben etwa so weit als die dazu gehörigen Blasen, unten etwa $\frac{3}{4}$ bis $\frac{5}{6}$ so weit als oben, und $1\frac{1}{2}$ mal so hoch als oben weit werden;

denn einer weiteren Ausführung dieser Destillir-Geräthe und ihrer zuweilen vorkommenden Verbindung mit einem Maischwärmer bedarf es nicht, theils weil sie allgemein bekannt sind, andern Theils aber in neuerer Zeit wohl nur noch höchst selten Anwendung finden, indem die Erfahrung gelehrt hat, daß dieselben viel mehr Kraft, Zeit und Brennmaterial erfordern und einen geringeren Ertrag an Branntwein gewähren, als die oben erwähnten neueren Apparate bei einer gleichen Quantität Maische.

§. 26.

Meistens wird in den neuen größeren Brennereien der Pistoriussche doppelte Apparat angewendet, welcher aus zwei Blasen (der Brenn- und Maischblase), einem Maischwärmer (Vorwärmer) mit einem, zwei, auch wohl drei Entlutterungsbecken, und einem Schlangenrohr nebst Kühlfaß besteht.

Dessen Einrichtung und Gebrauch wird als bekannt vorausgesetzt. Diejenigen, welche sich hiermit näher vertraut machen wollen, finden in dem ausführlichen Werke von Heinrich Förster: „Der Gewerbebetrieb der Branntweinbrennerei und Bierbrauerei; Köln 1831," und zwar in den §§. 280 bis 287, eine genaue durch Abbildungen erläuterte Beschreibung davon. Wie er dort beschrieben worden, ist er im Wesentlichen auch gegenwärtig noch im Gebrauch.

§. 27.

Das Dämpfen der Kartoffeln pflegt gewöhnlich nicht gleichzeitig mit dem Betriebe des Apparats zu geschehen, sondern es werden erst die Kartoffeln gedämpft, und hiernächst der Apparat in Wirksamkeit gesetzt. Das zweimalige Kochen der Kartoffeln, vorausgesetzt, daß täglich zweimal eingemaischt wird, erfordert 2 bis 3 Stunden, und es bleibt von der gesetzlichen Brennfrist von 14 Stunden täglich dann noch Zeit genug übrig, den Apparat 8 bis 9 mal abzutreiben. Mithin kann der Maischwärmer (Vorwärmer) dieses Apparats 8 bis 9 mal gefüllt werden, er muß also eine solche Größe haben, daß $\frac{1}{8}$ bis $\frac{1}{9}$ der täglich zu verschwelenden Maische darin Platz findet; und nimmt man nach §. 19. an, daß ein Scheffel Kartoffeln mit dem nöthigen Malzzusatze und der Hefe 84 bis 92 Quart Maische giebt, so erfordert jeder Scheffel der täglich zu verarbeitenden Kartoffeln mit 4 Pfund Malzzusatz u. s. w.

bei 8 maliger Füllung $\frac{84 \text{ bis } 92}{8} = 10\frac{1}{2}$ bis $11\frac{1}{2}$ Quart,

bei 9 maliger Füllung aber nur $\frac{84 \text{ bis } 92}{9} = 9\frac{1}{3}$ bis $10\frac{2}{9}$ Quart Maischwärmer.

Besser ist es, den Maischwärmer eher etwas zu groß als zu klein anzunehmen, und man wird daher nicht fehlen, wenn man bei Apparaten, welche ihre eigene Feuerung haben, auf einen Scheffel Kartoffeln des täglichen Betriebs durchweg $10\frac{1}{2}$ bis $11\frac{1}{2}$ Quart Füllungsraum im Maischwärmer rechnet.

Bei kleinen Brennereien, in denen täglich nur 24 bis 36 Scheffel Kartoffeln verarbeitet werden, wird das ganze Maischquantum meistens auf eine nur 7 bis 8 malige Maischwärmer-Füllung vertheilt, und danach der Maischwärmer verhältnißmäßig größer gemacht, um durch Abkürzung der Brennfrist an Arbeitskräften und Brennmaterialien zu ersparen, deren Werth die geringen Mehrkosten eines etwas größeren Apparats sehr bald reichlich verzinset. Deshalb pflegt man die Vorwärmer nicht kleiner als zu 300 Quart Füllung anzufertigen, so wie sie bei einem ausgedehnteren Betriebe aber auch selten größer als zu 1000 Quart Inhalt angefertigt werden, obwohl man solche in einzelnen Fällen in einer Größe von 1200 bis 1300 Quart antrifft. Wird die Branntwein-Fabrication ins Große getrieben, und der Vorwärmer reicht bei 1000 bis 1200 Quart Füllungsraum nicht aus, so kann man zur Umgehung eines zu großen Apparats zwei verhältnißmäßig kleinere anwenden, von denen jeder seine eigene Feuerung erhält, insofern der Betrieb nicht durch Dämpfe statt findet, in welchem Falle beide einen gemeinschaftlichen Dampferzeuger erhalten.

So viel steht übrigens fest, daß ein großer Apparat weniger Feuerungsmaterial erfordert, als zwei entsprechende kleinere, besonders wenn sie nicht durch Dämpfe betrieben werden.

Bei einem kleinen Apparat zum täglichen Betriebe von 1 bis 1½ Wispel werden in der Regel keine Dämpfe angewendet, sondern nur bei einem größeren, oder wenn zwei kleinere dafür aufgestellt werden.

Wie §. 19. angeführt, kann man bei Dampf-Apparaten etwas dicker einmaischen, und zwar bei einem Scheffel Kartoffeln nebst 4 Pfund Malzzusatz u. s. w. 80 bis 84 Quart. Danach müßte der Vorwärmer bei täglich 8maliger Füllung genau 10 bis 10½ Quart und bei täglich 9maliger Füllung genau 8⁸⁄₉ bis 9⅓ Quart Füllungsraum auf jeden Scheffel der täglich zu verschwelenden Kartoffeln mit Malzzusatz erhalten. Indeß ist es auch hier gerathener, den Maischwärmer lieber etwas größer zu machen, um jeder Verlegenheit überhoben zu sein.

Durchschnittlich kann man daher den Vorwärmer eines Apparats bei einem täglichen Betriebe von

1	Wispel	Kartoffeln zu	300	Quart
2	—	— —	500	—
3	—	— —	750	—
4	—	— —	1000	—
5	—	— —	1250	—

oder, wenn man in dem letzteren Falle der Aufstellung zweier kleineren Apparate den Vorzug giebt, jeden Vorwärmer derselben zu 625 Quart Füllungsraum annehmen. Ueber 3 Fuß pflegt man die größten Vorwärmer mit ihrem Lutterkasten, jedoch mit Ausschluß der Entlutterungsbecken, in ihren Seitenwänden nicht hoch zu machen.

Die Füllung des Maischwärmers geschieht entweder unmittelbar aus den Maischbottigen mittest der §. 22. erwähnten kupfernen Röhren und der dabei angebrachten vereinigten Saug- und Druckpumpe, oder, wie §. 23. gedacht, mittelst einer in dem Maischreservoir stehenden Saugpumpe.

§. 28.

Die beiden mit einander in Verbindung stehenden Blasen, von denen die Maischblase (zweite Blase) ihre Füllung aus dem Vorwärmer, die Brennblase (erste Blase) aber wiederum aus der ersteren durch mit Hähnen verschließbare Röhren erhält, werden gleich groß und, in sofern der Apparat seine eigene Feuerung hat, gewöhnlich so angefertigt, daß sich ihr Durchmesser zur Seitenhöhe wie 4 : 1 verhält, weil bei einer so flachen Blase ein bei weitem größerer Theil der Außenfläche derselben der unmittelbaren Wirkung des Feuers ausgesetzt ist, als bei einer weniger breiten, verhältnißmäßig tieferen; es wird also die in einer dünneren Schicht über dem Boden der erstgenannten Blase verbreitete Maische um so schneller von der Hitze durchdrungen und zum Kochen gebracht.

Jede Blase muß die Maische einer Vorwärmer-Füllung aufnehmen können, weil aber das Kochen in den Blasen mehr Raum erfordert, so werden sie bei eigener Feuerung etwa $\frac{1}{3}$ größer als der Vorwärmer gemacht, so daß auf jeden Scheffel der täglich zu verarbeitenden Kartoffeln mit Malzzusatz $10\frac{1}{2} \times 1\frac{1}{3} = 14$ bis $11\frac{1}{2} \times 1\frac{1}{3} = 15\frac{1}{3}$ Quart Blasenraum bei jeder Blase zu rechnen ist. Erhält der Vorwärmer 300 Quart Füllungsraum, so werden die dazu gehörigen Blasen auf 400 Quart eingerichtet.

Wird jedoch der Apparat durch Dämpfe getrieben, so müssen, weil die dickere Maische in den Blasen durch die eintretenden Wasserdämpfe verdünnt und überhaupt in starke Bewegung gesetzt wird, diese einen verhältnißmäßigen größeren Kochraum erhalten. Es ist hinlänglich, den Blasen dann $1\frac{1}{2}$ mal so viel Füllungsraum zu geben, als nach dem vorigen § für den Vorwärmer genau berechnet worden.

Hiernach würde bei 80 bis 84 Quart dicker Maische aus dem Scheffel Kartoffeln nebst 4 Pfund Malzzusatz jede Blase:

bei täglich 8 maliger Füllung 15 bis $15\frac{3}{4}$ Quart, und
bei täglich 9 maliger Füllung $13\frac{1}{3}$ bis 14 Quart

Füllungsraum auf jeden Scheffel der täglich zu verschwelenden Kartoffeln mit Malzzusatz erfordern, wonach sich die Größe dieser Geräthe nach Quarten leicht bestimmen läßt, indem man nur die tägliche Scheffelzahl mit den eben angegebenen Quarten zu multipliciren braucht.

In dem Falle, wo der Apparat durch Dämpfe betrieben wird, erhalten auch die Blasen ein anderes Breiten- und Höhen-Verhältniß, als das vorher bemerkte von 4 : 1. Die Wasserdämpfe wirken nämlich viel kräftiger und bringen die Maische weit schneller zum Kochen, wenn dieselbe nicht wie bei jenen flachen Blasen ausgebreitet, sondern um das in dem oberen Theile der Brennblase eintretende und fast bis auf deren Boden reichende Dampfrohr möglichst concentrirt ist, weil der heiße Dampf die Maische dann um so besser durchdringt. Deshalb giebt man hier der Brennblase eine solche Form, daß sich ihr Durchmesser zur Seitenhöhe etwa wie 5 : 3 oder 2 : 1 verhält, während mau bei der Maischblase, wo die Dämpfe nicht so unmittelbar einwirken, dies Verhältniß gewöhnlich wie 5 : 2 oder auch 3 : 1 annimmt; doch kann man, wenn sonst die Brennstube Höhe genug hat, auch hier die Abmessungen der Brennblase beibehalten.

§. 29.

Die Entlutterungsbecken, welche über oder nach §. 25. auch neben dem Vorwärmer angebracht sind und mit geringen Zwischenräumen (etwa 10 Zoll von Ober- zu Oberkante) über einander liegen, erhalten gewöhnlich denselben, auch wohl einen noch etwas größeren Durchmesser, als der dazu gehörige Vorwärmer. Ihre Zahl richtet sich danach, ob man schwachen oder starken Branntwein oder Spiritus ziehen will, wobei zur Norm dient, daß:

bei einem Becken Branntwein zu	75 bis	80	Prozent
bei zwei — — —	80 —	86	—
und bei drei — — —	86 —	90	—

nach dem Trallesschen Alkoholometer gewonnen wird. Es versteht sich von selbst, daß in demselben Verhältniß, wie der Branntwein stärker, auch die Quantität geringer wird, so daß, wenn z. B. aus einem Scheffel Kartoffeln mit 4 Pfund Malzzusatz 6 Quart Branntwein zu 70 Prozent (zusammen also 420 Prozent), unter übrigens gleichen Umständen bei 80 Prozent starkem Branntweine nur 5¼ Quart (zusammen ebenfalls 420 Prozent) gezogen werden.

Zuverlässige Landwirthe sind der Meinung, daß man bei einem ordnungsmäßigen Betriebe mit voller Sicherheit im Durchschnitt auf mindestens 6 Quart Branntwein à 70 Prozent nach Tralles, also 420 Prozent aus einem Scheffel Kartoffeln rechnen kann, es jedoch häufig vorkommt, daß 450 Prozent und wohl noch mehr aus einem Scheffel Kartoffeln gezogen werden.

Anmerk. Auf 1 Pfund Gersten-Malz-Schrot rechnet man durchschnittlich 10 bis 12 Prozent, also auf 5 Pfund ein Quart Branntwein zu 50 bis 60 Prozent nach Tralles.

§. 30.

Das zu diesem Apparate gehörige, mit Wasser gefüllte Kühlfaß, durch welches das mit den Becken in Verbindung stehende, sich schraubenförmig windende Schlangenrohr führt, erhält seine Stellung jedesmal außerhalb dicht an dem Gebäude, um den Raum in der Brennstube nicht zu beschränken, die Abkühlung zu befördern und die vom Kühlfasse aufsteigenden, dem Gebäude nachtheiligen Dämpfe gleich ins Freie zu leiten; wobei es nicht darauf ankommt, ob dasselbe dem Apparate nahe, oder in einiger Entfernung davon steht. Dies richtet sich lediglich nach der Einrichtung der Brennstube, der danach bequemen Stellung des Apparats und den sonstigen örtlichen Verhältnissen.

Das Schlangenrohr wird am oberen Theile oder an der Einmündung 3 Zoll, am unteren Theile oder an der Ausmündung aber nur circa 1¾ Zoll im Durchmesser weit, und erhält bei einem täglichen Betriebe von

1 bis 2 Wispeln Kartoffeln etwa 5 Windungen bei 2⅓ Fuß lichtem Durchmesser,
1 bis 3 Wispeln Kartoffeln etwa 5½ Windungen bei 2½ Fuß lichtem Durchmesser,
1 bis 4 Wispeln Kartoffeln etwa 6 Windungen bei 2⅔ Fuß lichtem Durchmesser,
1 bis 5 Wispeln Kartoffeln etwa 7 Windungen bei 2⅚ Fuß lichtem Durchmesser.

Je größer das Kühlfaß ist, je kühler bleibt das Wasser darin, und desto vollständiger wird sich der in der Maische befindlich gewesene, in den durch das Kochen derselben entwickelten Dämpfen enthaltene Weingeist tropfbar verdichten und abgekühlt aus dem Schlangenrohr in die Vorlage übergehen. Doch hat dies auch seine Grenzen, und man pflegt die Höhe des Kühlfasses bei einem Apparate zum täglichen Betriebe

von 1 bis 2 Wispeln nicht über 7 Fuß
— 3 — 4 — — — 8 —
— 5 — 6 — — — 9 —

anzunehmen, während der untere Durchmesser desselben beziehungsweise $4\frac{1}{2}$ bis $5\frac{1}{2}$ Fuß, und der obere $\frac{1}{12}$ der Höhe des Fasses mehr, also beziehungsweise $5\frac{1}{12}$ bis $6\frac{1}{4}$ Fuß beträgt.

Werden in einer Brennstube 2 Apparate aufgestellt, so erhält jeder sein eigenes Schlangenrohr, beide Schlangen aber entweder ein gemeinschaftliches Kühlfaß, in welchem dieselben nicht zwischen, sondern neben einander liegen, weshalb auch das Kühlfaß dann elliptisch geformt wird; oder, wenn die Oertlichkeit die Anwendung eines solchen Kühlfasses nicht zuläßt, oder die Apparate so entfernt von einander gestellt werden müssen, daß ihre Schlangen kein gemeinschaftliches Kühlfaß haben können, erhält jedes Schlangenrohr sein eigenes Kühlfaß.

Die Vorlage, in welche der Branntwein fließt, wird in der Brennstube, oder besser in einem unter derselben anzulegenden überwölbten besonderen Branntweinkeller eingerichtet und durch eine kupferne Röhre mit dem Schlangenrohr in Verbindung gesetzt, so daß der fertige Branntwein gleich an seinen vorläufigen Aufbewahrungsort gelangt, ohne besondere Arbeitskräfte dazu zu gebrauchen.

§. 31.

Seltener, als der vorerwähnte Apparat, und gewöhnlich nur bei kleinen Branntweinbrennereien zum täglichen Betriebe von 1 bis höchstens 2 Wispeln wird der Pistoriussche einfache Apparat, welcher von jenem nur dadurch unterschieden ist, daß er eine Blase weniger und meistens nur zwei Entlutterungsbecken hat, angewendet, weil bei diesem Apparat der Betrieb langsamer von Statten geht.

Die Maische in der Blase wird hier durch unmittelbare Einwirkung des Feuers zum Kochen gebracht, denn der Betrieb durch Dämpfe findet in der Regel nur bei einem ausgedehnteren Brennerei-Geschäft unter Anwendung des doppelten Apparats statt, wie bereits im §. 27. erwähnt worden ist. Die Aufstellung des einfachen Apparats erfordert sonach zwar weniger Raum, als die des doppelten; eben so ist seine Anschaffung minder kostbar, weil eine Maischblase und der Dampferzeuger dabei erspart wird. Schon früher ist aber bemerkt worden, daß kleine Brennereien einen verhältnißmäßig größeren Betriebsaufwand als ausgedehntere erfordern, und letztere daher, wenn auch ihre erste Anlage kostbarer wird, dennoch einen reichlicheren Gewinn abwerfen.

Der Maischwärmer des einfachen Apparats kann täglich innerhalb der 14stündigen Brennfrist mindestens 6 mal gefüllt werden, seine Größe muß daher dem Inhalte des sechsten Theils der täglich zu verarbeitenden Maische entsprechen.

Danach kommen, je nachdem dünner oder dicker eingemaischt, und aus einem Scheffel Kartoffeln mit 4 Pfund Malzzusatz u. s. w. resp. 84 bis 92 Quart Maische bereitet werden, auf jeden Scheffel des täglichen Maischverbrauchs:

$$\frac{84 \text{ bis } 92}{6} = 14 \text{ bis } 15\tfrac{1}{3} \text{ Quart Maischwärmer-Raum.}$$

Eben so stellt sich dann und aus den im §. 28. angegebenen Gründen die Größe der Blase, wenn der Apparat seine eigene Feuerung hat, auf:

$\left(\frac{84 \text{ bis } 92}{6}\right) \frac{4}{3} = 18\frac{2}{3}$ bis $20\frac{4}{9}$ Quart für jeden Scheffel Kartoffeln des täglichen Maische-Verbrauchs.

Nimmt man an, daß bei diesem Apparat der Vorwärmer täglich 6 bis 7 mal gefüllt werden kann, so würde derselbe nach dem Angeführten bei einem täglichen Betriebe von:

1 Wispel Kartoffeln im Durchschnitt 300 Quart
2 — — — — 600 —

Füllungsraum erfordern.

Alle übrigen Verhältnisse bleiben hier dieselben, wie bei dem doppelten Apparat, und deshalb gelten hier eben die Bemerkungen, welche in den §§. 26 bis 30. Hinsichts jenes gemacht worden sind.

§. 32.

Obwohl früher behauptet worden ist, daß bei dem Betriebe der Branntweinbrennereien durch Dampf die Ersparung an Brennmaterial auf Täuschung beruhen solle, so kann dies doch nur allen Falls in Beziehung auf kleine Brennereien zugegeben werden; bei größeren hat die Erfahrung das Gegentheil bewiesen, und es läßt sich auch nicht verkennen, daß besonders bei einer ausgedehnten Branntwein-Fabrication, vorausgesetzt, daß die ganze Anlage und die Feuerung zweckmäßig eingerichtet sind, der Gewinn bedeutend sein muß, weil überhaupt nur eine Feuerung dazu nöthig ist, das Feuer also concentrirt und viel kräftiger wirken kann, während bei Brennereien ohne Dampferzeuger mehrere Feuerungen (mindestens zwei, die eine zum Dämpfen der Kartoffeln u. s. w., die andere zum Apparat) sich als nothwendig darstellen. Auch steht so viel fest, daß die Brennerei-Geräthe bei Dampfbrennereien weniger abgenutzt werden, und namentlich das Durchbrennen der Blasen, so wie das Anbrennen der Maische dabei gänzlich vermieden wird.

Die Wasserkessel, Dampfkessel, Dampferzeuger oder Dampfcylinder, in welchen die zum Betriebe der Brennerei nöthigen Dämpfe, nämlich zum Kochen der Kartoffeln, zum Bereiten von heißem Wasser Behufs des Einmaischens und zum Kochen der Maische entwickelt werden, sind entweder von geschmiedetem Eisen, meistens aber von getriebenen oder gewalzten Kupferplatten. Ein Hauptserforderniß bei denselben ist, daß sie eine möglichst große Berührungsfläche zwischen dem Feuer und Wasser darbieten, um die Dampfentwickelung zu beschleunigen. Dazu ist die längliche Form am zweckmäßigsten, und deshalb giebt man ihnen gewöhnlich die Form eines Cylinders *) (daher auch ihre Benennung Dampfcylinder).

§. 33.

Zur bessern Beurtheilung ihrer Größe und der Spannung der Dämpfe in denselben mögen folgende Erläuterungen dienen.

---

*) Herr Pistorius empfiehlt runde Kessel und giebt denselben eine besondere Einrichtung. Wer sich davon näher unterrichten will, lese die vom Herrn Dr. Lüdersdorf im Jahre 1835

Die durch die Einwirkung der Wärme auf das Wasser sich aus demselben entwickelnden Dämpfe äußern wie die Luftarten einen Druck gegen die sie umgebenden Grenzen des Raumes, in welchem sie sich befinden, und dieser Druck ist bei gleicher Temperatur ihrer Dichtigkeit angemessen. Je mehr Dämpfe in einem Raume angehäuft sind, desto größer muß auch ihr Druck gegen die Grenzen desselben sein.

Wird Wasser in einem offenen Gefäße unter dem Drucke der freien atmosphärischen Luft in seiner Temperatur so erhöht, daß es anfängt zu sieden und sich in Dämpfe zu verwandeln, so müssen diese, weil sie sich sonst nicht entwickeln würden, eben den Druck gegen die Luft ausüben, den diese gegen das Wasser und den Dampf ausübt. Da Wasserdampf leichter als atmosphärische Luft ist, so steigt er in derselben in die Höhe, und dies findet beim fortgesetzten Sieden des Wassers so lange statt, bis letzteres gänzlich in Dampf verwandelt ist, und zwar bei constanter Temperatur des Wassers, weil alle Hitze, welche dasselbe noch ferner aufnimmt, zur Bildung von Dampf verwendet wird. In diesem wird sie gebunden (latent), da der Dampf keine höhere Temperatur erhält, als die siedende Flüssigkeit hat.

Beträgt nun der Siedepunkt oder die Temperatur des sich in Dampf verwandelnden Wassers 80° Reaum. *),

---

herausgegebene, in Berlin bei Veit und Comp. verlegte Schrift: „Beschreibung des Pistoriusschen Dampfbrennapparats, nebst erläuternden Bemerken" nach.

*) 80° Reaumur = 100° Celsius = 212° Fahrenheit.

und der Druck der atmosphärischen Luft wird bei diesem Siedepunkte des Wassers einer Quecksilbersäule von 28,98 Zoll gleich angenommen, so folgt daraus, daß der Druck der Wasserdämpfe bei 80° R. dem Drucke einer 28,98 Zoll hohen Quecksilbersäule gleich ist, wonach der Druck oder die Spannung des Dampfs auf jeden Quadratzoll genau 15,018 Pfund beträgt, und man sagt in diesem Falle: der Dampf habe eine Spannung von *einer* Atmosphäre.

Erhöht man die Temperatur des Wassers in einem *verschlossenen* Gefäße über 80° R., so erhöht sich auch die Temperatur der Dämpfe; dieselben werden dichter und ihr Druck im Gefäße wird größer, als der Druck der äußeren atmosphärischen Luft, und zwar wächst ihre Elastizität in einem größeren Verhältniß, als ihre Dichtigkeit. Auf diese Weise kann man dem Dampfe eine Spannung von zwei, drei und mehreren Atmosphären geben. So wird (mit Weglassung der Bruchtheile)

die Spannung des Dampfs bei 80° R. = 1 Atmosphäre
oder 15 Pfund pro Quadrat-Zoll,
die Spannung des Dampfs bei 87° R. = 1⅓ Atmosphäre
oder 20 Pfund pro Quadrat-Zoll,
die Spannung des Dampfs bei 90° R. = 1½ Atmosphäre
oder 22½ Pfund pro Quadrat-Zoll,
Spannung des Dampfs bei 97° R. = 2 Atmosphären
oder 30 Pfund pro Quadrat-Zoll,
die Spannung des Dampfs bei 103° R. = 2½ Atmosphäre
oder 37½ Pfund pro Quadrat-Zoll,

wobei aus einem Kubikfuß Wasser (mit Abrundung des Bruchs)

bei	80°	R.	circa	1696	Kubikfuß	Dampf,
—	87	—	—	1290	—	—
—	90	—	—	1154	—	—
—	97	—	—	898	—	—
—	103	—	—	733	—	—

erfolgen.

Gleiche Gewichte Dampf von irgend einer Temperatur enthalten gleiche Menge Wärme, oder, um eine gewisse Menge Wasser in Dampf zu verwandeln, ist immer gleich viel Wärmestoff erforderlich, wie auch die Spannung des Dampfs beschaffen sein möge; es muß daher immer gleich viel Brennmaterial angewendet werden, wenn ein Kubikfuß Wasser in Dampf verwandelt werden soll

Eine bestimmte Menge Wasser in Dampf verwandelt, enthält so viel Wärmestoff, als nöthig ist, 5½ mal so viel Wasser vom Gefrierpunkt bis zum Siedepunkt zu erhitzen. Erfolgen also aus einem Kubikfuß Wasser 1696 Kubikfuß Dampf (von 80°), so enthalten diese so viel gebundenen Wärmestoff, als zur Erwärmung von 5½ Kubikfuß Wasser von 0 bis 80°, oder aber auch von 1 Kubikfuß Wasser von 0 bis 440° R. erforderlich ist; eben so werden, wenn auch nur 898 Kubikfuß Dampf (von 97°) aus einem Kubikfuß Wasser erfolgen, welche dann natürlich mehr Dichtigkeit und Spannung haben, auch diese 5½ Kubikfuß Wasser von 0 bis 80°, oder 1 Kubikfuß Wasser von 0 bis 440° R. erwärmen.

Da nun der von einem Kubikfuß Wasser entwickelte Dampf, indem er 5½ Kubikfuß Wasser von 0 bis auf 80° erwärmt, sich selbst in einem Kubikfuß Wasser von 80°

reduzirt, so erhält man überhaupt $6\frac{1}{2}$ Kubikfuß Wasser von 80°.

Hat das zu erwärmende Wasser schon eine höhere Temperatur als 0°, z. B. 10°, so braucht dasselbe, um es auf 80° Wärme zu bringen, nur noch um $80 - 10 = 70°$ erhöht zu werden; woraus folgt, daß, je höher die Temperatur des zu erwärmenden Wassers ist, je weniger Dampf verhältnißmäßig erfordert wird, um jenem Wasser eine bestimmte höhere Temperatur zu geben.

§. 34.

Zuverlässige Brenner versichern, daß der Brennapparat am besten arbeitet, wenn die Dämpfe im Dampfcylinder eine Spannung von circa 4 bis 6 Pfund pro Quadrat-Zoll über den Druck unserer Atmosphäre erhalten, dies aber auch das Maximum sei, weil eine höhere Spannung ein zu heftiges Kochen der Maische, und dieses andere Nachtheile, deren weiter unten Erwähnung geschieht, verursacht. Hiernach würde also eine Spannung der Dämpfe von etwa $1\frac{1}{3}$ Atmosphären oder 20 Pfund pro Quadratzoll am angemessensten sein, und diese eine Temperatur von 87° bedingen.

Nimmt man an, daß zum Abkochen einer gewissen Quantität Kartoffeln etwa so viel Dampf gebraucht wird, als erforderlich sein würde, um eine Quantität Wasser von gleichem Umfange zum Sieden zu bringen, so wird, da ein Scheffel $1\frac{7}{9}$ Kubikfuß enthält, der Wispel $1\frac{7}{9} \times 24 = 42\frac{2}{3}$ Kubikfuß Inhalt haben, und der Inhalt eines Wispels Kartoffeln nach Abzug der höchstens circa $\frac{1}{3}$ betragenden

Zwischenräume sich auf $42\frac{2}{3} \times \frac{2}{3} = 28\frac{4}{9}$ Kubikfuß belaufen und also . . . . $28\frac{4}{9}$ Kubikfuß Wasser gleich zu setzen sein. Ferner sind zum Einmaischen eines Wispels Kartoffeln nach §. 15. an heißem Wasser durchschnittlich . . . . 8 — — nöthig; und rechnet man endlich auf einen Wispel Kartoffeln 2000 Quart Maische und diese eben so viel Wasser gleich oder . . . . $74\frac{2}{27}$ — —

so sind überhaupt abgerundet . . $110\frac{1}{2}$ Kubikfuß Wasser (oder demselben gleich gesetzte Masse) zu kochen, um einen Wispel Kartoffeln auf Branntwein zu verarbeiten. Mit Rücksicht darauf, daß das Wasser, die reife Maische u. s. w. vor dem Kochen schon eine höhere Temperatur als 0° haben und durchschnittlich mindestens zu 10° Wärme angenommen werden können, braucht die Masse Behufs des Kochens bei 80° nur noch um etwa 70° erhöht zu werden, und hierzu sind daher nach dem vorigen § $110\frac{1}{2} \times \frac{70}{440} = 17{,}57$ Kubikfuß (oder circa 475 Quart) Wasser in Dampf zu verwandeln.

Vertheilt man diese Quantität Wasser auf die gesetzliche Brennfrist von täglich 14 Stunden, so kommen pro Secunde $\frac{17{,}57}{14.60.60} = 0{,}000348$ Kubikfuß zu verdampfendes Wasser oder 0,59 Kubikfuß Dampf von 80° oder 0,449 Kubikfuß Dampf von 87°, weil nach §. 33. aus einem Kubikfuß Wasser 1696 Kubikfuß Dampf von 80° oder 1290 Kubikfuß Dampf von 87° erfolgen.

Die Größe der Verdampfung im Dampfkessel hängt

im Wesentlichen von der Größe derjenigen Kesselfläche ab, welche sich zwischen dem Wasser und dem Feuer befindet. Nun sind, um in einer Secunde einen Kubikfuß Wasser in Dampf zu verwandeln, nach stattgefundenen Versuchen 10687 Quadratfuß vom Feuer berührte Kesselfläche erforderlich, wonach, weil sich die Menge des in Dampf verwandelten Wassers wie die vom Feuer berührte Kesselfläche verhält, zu 0,000348 Kubikfuß Wasser 3,719 Quadratfuß Berührungsfläche erforderlich wären. Bei jenen Versuchen ist aber das stärkste Feuer ohne Rücksicht auf die Erhaltung des Kessels angewendet, und man wird deshalb in der Ausübung mindestens 4 Quadratfuß Bodenfläche, wenn ein Zug durch den Kessel geht, oder mindestens 5 Quadratfuß Bodenfläche, wenn kein Zug durchgeht, oder aber mit Einschluß der vom Feuer berührten Seitenflächen des Kessels im Ganzen durchschnittlich 10 Quadratfuß dem Feuer ausgesetzte Kesselfläche, wobei bemerkt wird, daß bei den Seitenflächen nur etwa $\frac{1}{4}$ so viel Wirksamkeit anzunehmen ist, als bei einer gleich großen Bodenfläche, pro Wispel der täglich abzuschwelenden Menge Kartoffeln annehmen können.

Je größer die Bodenfläche eines Kessels bei einer gewählten Form sein kann, desto leichter wird sich der Dampf entwickeln lassen, denn auf die vom Feuer berührten Seitenflächen kommt es nach dem Angeführten weniger an.

Um übrigens das Aufsteigen des Dampfes im Dampferzeuger zu erleichtern, muß man dahin sehen, daß die Wasserfläche in demselben nicht kleiner ist, als die dem Feuer ausgesetzte Bodenfläche; eben so müssen die um und durch den Dampfkessel gehenden Feuer-Kanäle wenigstens 4 Zoll unter der Wasseroberfläche liegen, damit sie nicht leicht vom Wasser entblößt werden, denn eine ununterbrochene Nachfüllung in dem Maaße, wie das Wasser verdampft, kann ohne zu großen Zeitverlust für andere Geschäfte beim Brennerei-Betriebe nicht statt finden, vielmehr geschieht diese nur von Zeit zu Zeit; indeß muß der Dampfcylinder doch stets in gehöriger Füllung erhalten werden.

§. 35.

Nach vorstehenden Bemerkungen würde sich nun, sobald die täglich zu verarbeitende Menge Kartoffeln feststeht, die Größe des Dampfcylinders berechnen lassen, für jeden einzelnen Fall kann man aber doch nicht genau danach verfahren, weil verschiedene mehrentheils aus den Oertlichkeiten hervorgehende Nebenumstände auf die erforderliche größere oder geringere Menge Dampf und dessen Entwickelung einen wesentlichen Einfluß haben, namentlich, ob die Dampfleitungsröhren vom Erzeuger nach den verschiedenen Verbrauchsstellen weiter oder kürzer geführt werden müssen. Nicht minder kommt in Betracht, ob die Feuerungen vollständig zweckentsprechend angelegt werden können, was für Feuerungsmaterial angewendet wird u. dgl. m.

Obgleich hiernach bei einem ganz gleichen Betriebe in dem einen Falle mehr Dämpfe als in dem andern erforderlich sind, und in dem einen Dampferzeuger mehr Dämpfe als in dem andern entwickelt werden, auch noch nicht Versuche genug angestellt worden sind, danach für jeden speziellen Fall die Größe des Dampfcylinders ganz genau zu bestimmen, so hat doch die Erfahrung gelehrt, daß es gerathen ist, dieselben lieber etwas zu groß als zu klein anzulegen, und daß mit Rücksicht hierauf und auf den Umstand, daß bei größeren Brennereien die Dampf-Consumtion verhältnißmäßig geringer ist, der Dampfcylinder also etwas kleiner sein kann, als bei kleineren, unter mittlern Verhältnissen folgende Abmessungen dem Zwecke vollkommen entsprochen haben, welche daher bei Entwürfen zu neuen Brennerei-Gebäuden zur Ermittelung des Raums u. s. w. maaßgebend sein dürften; nämlich: bei einem täglichen Betriebe von

2 Wispeln Kartoffeln ein Cylinder von 7 Fuß Länge,
$2\frac{5}{6}$ Fuß im Durchmesser,
3 Wispeln Kartoffeln ein Cylinder von 8 Fuß Länge,
$2\frac{5}{6}$ Fuß im Durchmesser,
4 Wispeln Kartoffeln ein Cylinder von 9 Fuß Länge,
3 Fuß im Durchmesser,
5 Wispeln Kartoffeln ein Cylinder von 10 Fuß Länge,
$3\frac{1}{6}$ Fuß im Durchmesser,
6 Wispeln Kartoffeln ein Cylinder von 11 Fuß Länge,
$3\frac{1}{4}$ Fuß im Durchmesser,
7 Wispeln Kartoffeln ein Cylinder von 12 Fuß Länge,
$3\frac{1}{4}$ Fuß im Durchmesser,
8 Wispeln Kartoffeln ein Cylinder von 13 Fuß Länge,
$3\frac{1}{4}$ Fuß im Durchmesser.

Nimmt man an, daß die Dampfcylinder nur bis auf circa $\frac{2}{3}$ ihrer Höhe mit Wasser angefüllt werden, und der übrige Inhalt den Dampfraum bildet, so ergiebt sich aus den vorher namhaft gemachten Abmessungen derselben, daß sie nach Abzug der durchgehenden Feuerröhren (§. 37.) bei einem täglichen Betriebe von

2	Wispeln	Kartoffeln	26	Kubikfuß	=	700	Quart
3	—	—	29⅔	—	=	800	—
4	—	—	39	—	=	1050	—
5	—	—	48	—	=	1300	—
6	—	—	55⅔	—	=	1500	—
7	—	—	61	—	=	1650	—
8	—	—	66⅔	—	=	1800	—

Füllung erfordern; wobei die Wasser-Oberfläche im Cylinder (Länge und Breite derselben mit einander multiplicirt) bei:

2 Wispl.	7 × 2,671 = 18,697 □F.,	also	pro Wispel	9,34 □F.
3 —	8 × 2,671 = 21,368 —	—	—	7,12 —
4 —	9 × 2,828 = 25,452 —	—	—	6,36 —
5 —	10 × 2,985 = 29,855 —	—	—	5,97 —
6 —	11 × 3,064 = 33,704 —	—	—	5,61 —
7 —	12 × 3,064 = 36,768 —	—	—	5,25 —
8 —	13 × 3,064 = 39,832 —	—	—	4,98 —

beträgt.

§. 36.

Erhalten die beim Branntweinbrennerei-Betriebe zu benutzenden Dampfcylinder einen solchen Umfang, daß sie mehr Dämpfe als für Maschinen von 4 Pferdekräften entwickeln, so wird man bei Brennerei-Anlagen innerhalb der Königlichen preußischen Staaten die in Folge der Allerhöchsten Cabinets-Ordre vom 1. Januar 1831 in Betreff der Anlage und des Gebrauchs der Dampfmaschinen ergangene Ministerial-Instruction vom 13. October 1831 (Preuß. Gesetz-Sammlung, Jahrgang 1831, Seite 244 bis 247) nicht außer Acht zu lassen haben, da diese Bestimmungen auch hier Platz greifen *).

---

*) Der leichteren Uebersicht wegen ist diese Instruction gleich hier mit abgedruckt worden.

Instruction zur Vollziehung der Allerhöchsten Cabinets-Ordre vom 1sten Januar 1831, die Anlagen und den Gebrauch der Dampfmaschinen betreffend. d. d. den 13ten October 1831.

Mit Bezug auf die durch die Gesetzsammlung bekannt gemachte Allerhöchste Cabinets-Ordre vom 1sten Januar 1831, über die Anlagen und den Gebrauch der Dampfmaschinen, wird zur Wahrnehmung des technisch-polizeilichen Interesses nachstehendes Regulativ erlassen:

§. 1. Bevor die Genehmigung zur Aufstellung der Kessel von Dampfmaschinen, oder der zu andern Zwecken anzulegenden Dampfkessel ertheilt wird, muß die polizeiliche Zulässigkeit derselben, nach Anleitung der nachfolgenden Vorschriften, durch einen sachverständigen Beamten geprüft, und die genaue Beobachtung derselben von letzterm bescheinigt werden.

§. 2. Mit alleiniger Ausnahme kleiner Kessel, welche die Dämpfe für Maschinen von zwei, höchstens vier Pferdekräften entwickeln, darf kein Dampfkessel zur Entwickelung von niedrig- oder hochgespannten Dämpfen, d. h. solchen, deren Spannkraft die der äußeren Atmosphäre um ein oder mehreremale übertrifft, innerhalb oder unter bewohnten, oder zu einem andern Zwecke benutzten Räumen aufgestellt werden.

§. 3. Der also außerhalb bewohnter oder anderweitig benutzter Gebäude liegende Raum zur Aufnahme von einem oder mehreren Dampfkesseln muß an wenigstens zwei frei stehenden Seiten mit schwachen Umfassungswänden umgeben und mit einem leichten Dache bedeckt sein. Die an ein anderes Gebäude anstoßende Seite dieses Raums, so wie auch die

Nun wird gewöhnlich auf jede Pferdekraft in einer Secunde 0,5 Kubikfuß Dampf von 80° gerechnet, und

---

Seite an der Grenze eines benachbarten Grundstücks, wenn das Kesselgebäude nicht von dem letztern entfernt werden kann, muß aus einer Mauer bestehen, welche wenigstens um die Hälfte stärker ist, als die übrigen frei stehenden Umfassungsmauern. Der Raum über dem Kessel selbst darf nicht überwölbt werden; dagegen ist der Raum von der Einheizthür, wenn er so groß ist, daß darin eine gefahrbringende Menge Brennmaterials angehäuft werden kann, und sich andere Nachbargebäude in der Nähe befinden, oder in der Folge eingerichtet werden können, zu überwölben.

§. 4. Zwischen den Umfassungsmauern des Kesselgebäudes und dem Feuerungs- und Rauchgemäuer des Kessels muß ein freier Raum von wenigstens zwei Fuß verbleiben.

§. 5. Die Feuerung eines Kessels muß so angelegt werden, daß bei möglichst vollkommener Verzehrung des Rauchs die Züge zur Abführung desselben und des Feuers durch und um den Kessel an ihrer höchsten Stelle wenigstens noch vier Zoll unter dem im Kessel fortgesetzten Wasserspiegel liegen.

§. 6. Der Schornstein für einen oder mehrere Dampfkessel muß, wenn die Aufstellung in Städten, oder in der Nähe nachbarlicher Grundstücke geschieht, wo bereits Gebäude vorhanden sind, oder in der Folge errichtet werden können, eine Höhe von mindestens sechszig Fuß und jederzeit sein eignes Fundament haben, auch von der nachbarlichen Grenze, mit der äußeren Seite seines Mauerwerks, wenigstens zwei Fuß abstehen.

§. 7. Jeder zur Dampfentwickelung bestimmte Kessel muß mit mehr als einer der besten bekannten Vorrichtungen zur jederzeitigen zuverlässigen Erkennung der oben §. 5. vorgeschriebenen Wasserstandshöhe im Innern desselben, wie z.

da zur Bearbeitung eines Wispels Kartoffeln auf Branntwein nach §. 34. in einer Secunde 0,59 Kubikfuß Dampf

---

B. mit gläsernen Wasserstandsröhren, oder mit Probehähnen oder Schwimmern u. s. w. versehen sein.

§. 8. Jeder Dampfkessel muß mit guten und zuverlässigen Vorrichtungen zu seiner Speisung versehen sein. Werden hierzu Druckpumpen gebraucht, welche das Wasser unmittelbar in den Kessel treiben, so muß die untere Fläche des Druckpumpenkolbens bei seinem höchsten Stande wenigstens einen halben Fuß unter dem niedrigsten Wasserstande des dazu gehörenden Wasserbehälters liegen.

§. 9. Auf jedem Dampfkessel müssen ein oder zwei zweckmäßige Sicherheitsventile angebracht sein, welche zusammen wenigstens so viel Oeffnung haben, als der $\frac{1}{1500}$ Theil der Kesselgrundfläche beträgt, und so eingerichtet sind, daß sie zwar stets gemeinschaftlich geöffnet, aber nie mehr belastet werden können, als es die angegebene Spannkraft der Dämpfe erfordert.

§. 10. An jedem Dampfkessel oder an den Dampfableitungsröhren muß eine Vorrichtung angebracht sein, welche den stattfindenden Druck der Dämpfe zuverlässig angiebt, und die in oben offenen Quecksilber- oder Wasserröhren, oder Monometern bestehen kann.

§. 11. Durch den Dampfraum eines Kessels darf kein eisernes Rauchrohr geführt werden.

§. 12. Der Gebrauch der Kessel von Messing ist überhaupt und derer von Gußeisen für Dampfschiffe untersagt.

§. 13. Um die Dampfkessel gegen das Zerreißen und Zerspringen durch die Spannung der Dämpfe zu sichern, muß zur Fertigung derselben nur gutes Material verwendet werden, und die Stärke desselben an den schwächsten Stellen bei den anzustellenden Untersuchungen so viel betragen, als die nachstehende Formel ergiebt, und zwar:

erforderlich sind, dies aber mit vorstehendem Resultate Hinsichts einer Pferdekraft ziemlich übereinstimmt, so wird man

---

a) wenn das verwendete Material gewalztes oder gehämmertes Eisen ist

$$e = 0{,}00225 \,.\, d \,.\, a + 0{,}1.$$

Hierbei bezeichnet e die für die Bleche erforderliche Stärke in Preußischen Zollen, d den größten Durchmesser in Preußischen Zollen, und a die Anzahl der Atmosphären = Pressungen über unsern Luftdruck.

Diejenigen Bleche, die zu den vom Feuer berührten Kesselböden, zu den Sieberöhren und zu den inneren Feuerröhren, welche den Druck der Dämpfe auf der äußeren Cylinderfläche zu ertragen haben, verwendet sind, müssen,

1) wenn ihr Durchmesser innerhalb der Grenzen von 10 Zoll liegt, ... 1,5 mal
2) wenn ihr Durchmesser über 10 Zoll und bis einschließlich 20 Zoll beträgt, . 1,55 mal
3) wenn ihr Durchmesser über 20 Zoll und bis einschließlich 40 Zoll beträgt, . 1,6 mal
4) wenn ihr Durchmesser über 40 Zoll und bis einschließlich 60 Zoll beträgt, . 1,65 mal
5) und wenn ihr Durchmesser über 60 Zoll beträgt, ... 1,7 mal

die nach vorstehender Formel sich ergebende Stärke zu ihrer Stärke haben.

b) Ist das verwendete Material Kupferblech, so bleibt es bei den für Eisenbleche gegebenen Bestimmungen.

c) Ist das verwendete Material aber Gußeisen, so muß die Stärke desselben an allen Stellen des Kessels und der Sieberöhren gleich groß sein und das Vierfache von derjenigen betragen, welche die obige Formel ergiebt.

Für die Güte des verwendeten Materials und die zweckmä-

ohne wesentlichen Fehler zu begehen annehmen können, daß die Bearbeitung eines Wispels Kartoffeln so viel Dampf

ßige Construction sind außerdem, wegen etwa versteckter Fehler, der Verfertiger und der Inhaber des Kessels verantwortlich.

§. 14. Ist nach den vorstehenden Bestimmungen die polizeiliche Zulässigkeit der Aufstellung eines Kessels zur Dampfmaschine, oder eines zu anderm Zwecke einzurichtenden Dampfkessels dargethan, so muß das Vorhaben der Anlage durch einen Anschlag in dem Dienstlokale der Polizei-Behörde, so wie durch einmalige Insertion in die öffentlichen Blätter mit einer präclusivischen Frist von vier Wochen bekannt gemacht werden, binnen welcher ein Jeder, der durch die beabsichtigte Anlage sich in seinen Rechten beeinträchtigt glaubt, seine Einwendungen geltend zu machen und zu bescheinigen hat. Ueber solche Einwendungen entscheidet die betreffende Polizei-Behörde, und kann gegen deren Festsetzung der Weg Rechtens nicht ergriffen werden, vielmehr findet nur der Rekurs an die obere Polizei-Behörde Statt.

§. 15. Die im vorstehenden § vorgeschriebenen Bekanntmachungen der Behörden müssen unverzüglich nach Feststellung der Zulässigkeit einer Anlage erfolgen, und die unter Nr. 4. der Allerhöchsten Cabinets-Ordre vom 1sten Januar 1831 angeordneten Untersuchungen spätestens drei Tage nach geschehener Anzeige von der wirklich erfolgten Aufstellung eines Dampfkessels angestellt, so wie die hierüber zu ertheilenden Bescheinigungen spätestens in drei Tagen, nach der veranstalteten Untersuchung, ausgefertigt werden.

Berlin den 13ten October 1831.

Der Minister des Innern für Handels- und Gewerbe-Angelegenheiten.
v. Schuckmann.

Der Minister des Innern und der Polizei.
Freiherr v. Brenn.

erfordert, als zur Hervorbringung einer Pferdekraft erforderlich ist, und sonach würden jene gesetzlichen Bestimmungen in den Fällen Anwendung finden, wenn mit einem Dampfcylinder mehr als 4 Wispel Kartoffeln täglich auf Branntwein verarbeitet werden. Bei dieser Annahme wird es um so mehr bewenden können, als hier nur Dämpfe von niedrigem Drucke, wohin diejenigen gehören, welche den Druck von 2 Atmosphären nicht übersteigen, gebraucht werden.

§. 37.

Die Einrichtung der Dampfcylinder ist folgende. Werden sie, wie meistens geschieht, aus Kupferplatten, welche etwa $3\frac{1}{2}$ Zoll übereinandergreifen und doppelt vernietet sind, angefertigt, so werden diese Platten in den dem Feuer ausgesetzten Theilen des Cylinders gewöhnlich nicht unter 2 bis $2\frac{1}{2}$ Linien ($\frac{1}{6}$ bis $\frac{5}{24}$ Zoll), übrigens aber doch $1\frac{1}{2}$ bis 2 Linien stark, weil sie nicht nur durch das Feuer viel auszuhalten haben, sondern auch der Spannkraft der Dämpfe hinlänglichen Widerstand leisten müssen, um ein Zerspringen des Cylinders, das oft die nachtheiligsten Folgen mit sich führt, zu vermeiden *).

Aus den §. 34. angegebenen Gründen wird zur möglichsten Vergrößerung der Heizfläche das Feuer nicht nur unter und um den Cylinder, sondern auch durch denselben geleitet, und deshalb eine, auch wohl zwei Feuerröhren (Sieteröhren) darin angebracht. Bei Dampfcylindern zu

*) Von den angegebenen stärkeren Kupferplatten wiegt der Quadratfuß circa 10 Pfund, und von den schwächeren der Quadratfuß circa 6 Pfund.

Brennereien wird gewöhnlich nur eine Feuerröhre gewählt, welche, wie aus der Zeichnung Taf. III. Fig. 14. erhellt, am Ende des Bodens bei a einmündet, dann durch die Länge des Cylinders führt und im vorderen Giebel desselben bei b wieder ausmündet. Bis zu einem täglichen Betriebe von 4 Wispel Kartoffeln wird diese Feuerröhre etwa 14 Zoll breit und 11 Zoll hoch, bei einem größeren Betriebe aber 15 und 12 Zoll weit.

Auf der II. Tafel ist eine specielle Zeichnung zu einem Dampfcylinder von 8 Fuß Länge, 2⅝ Fuß Durchmesser gegeben, und zwar stellt Fig. 10. die Seitenansicht, Fig. 11. die eine Giebelansicht, und Fig. 12. die Ansicht desselben von oben dar.

An der oberen Seite befindet sich in der Mitte oder nach den Enden hin, wie es die Oertlichkeit bedingt, eine länglich runde, 16 bis 17 Zoll lange, 13 bis 14 Zoll breite Oeffnung mit einem luftdicht aufgeschraubten Deckel c umschlossen, der bei nothwendigen Reparaturen u. s. w. abgenommen werden kann, um in das Innere des Kessels zu gelangen. In diesem Deckel wird gleichzeitig das Sicherheitsventil d und das Luftventil e angebracht, von welchen sich das erstere nach Außen öffnet, wenn die Spannung der Dämpfe im Cylinder das festgesetzte Maximum übersteigt, das letztere aber bei einer plötzlichen Condensation der Dämpfe nach Innen aufgeht, um das Zusammendrücken des Cylinders durch die Atmosphäre zu verhüten. Ferner sind auf der oberen Seite vier kurze 1¼ bis 1½ Zoll weite *) Röhrstücke ffff aufgenietet. Auf

*) Bei Apparaten bis zu 2 Wispeln reichen 1¼ Zoll weite Röh-

dreien davon werden die Dampfleitungs-Röhren aufgeschraubt, wovon die eine zum Kartoffeldämpfen (§. 14.), die andere zum Kochen des Wassers im Wasserfasse (§. 15.) und die dritte zum Betriebe des Apparats (§. 28.) dient, durch das vierte Röhrstück wird die Füllung des Kessels bewirkt. Werden zwei Apparate aufgestellt, so erhält jeder sein eigenes Dampfrohr, mithin sind dann statt der angegebenen 3 Dampfleitungsröhren 4 dergleichen nöthig. Sie können sämmtlich durch Hähne abgeschlossen werden.

Endlich befindet sich nicht nur auf dem Cylinder eine Vorrichtung g mit einem Schwimmer i, sondern, wenn der erstere einen größeren als den §. 36. bemerkten Umfang hat, erhält er auch noch an einer freien Seite eine oben und unten mit dem Cylinder in Verbindung stehende starke gläserne Röhre b, um resp. an einer oder diesen beiden Vorrichtungen die Wasserstandshöhe im Innern desselben jederzeit zuverlässig zu erkennen, damit in dem Maaße, wie der Wasserstand sich durch die Verdampfung des Wassers vermindert, solcher durch Nachfüllung wieder ergänzt werden kann. Letzteres geschieht mittelst einer Druckpumpe, deren Steigeröhre in das eine der oben erwähnten Röhrstücke f mündet und mindestens bis unter die Oberfläche des Wassers in seinem niedrigsten Stande reicht.

Die Druckpumpe selbst ist in einem F a s s e angebracht, welches seine Stellung zunächst der Entlutterungsbecken, neben dem Vormaischwärmer erhält und das von den Bekken abfließende warme Wasser aufnimmt, weil es vortheil-

---

ren aus; über 2 Wispel sind sie 1½ Zoll und den Umständen nach noch etwas weiter zu fertigen.

hafter ist, gleich dieses warme Wasser statt des kalten aus dem Brunnen zur Nachfüllung zu benutzen. Dieses Faß muß circa 100 Quart Inhalt auf jeden Wispel der täglich zu verarbeitenden Kartoffeln haben.

Um die Wirkung der Dämpfe und deren angemessene Spannung stets mit Zuverlässigkeit übersehen und danach die Feuerung dirigiren zu können, muß an dem Cylinder auch noch ein Dampfmesser angebracht werden, dessen Röhre mit dem Dampfraume im Cylinder in Verbindung steht. Zeigt sich in Folge zu hoher Spannkraft der Dämpfe, daß der Branntwein in zu großer Menge und zu geringer Stärke abgetrieben wird, so kann man häufig schon durch das oben bemerkte Nachfüllen mittelst der Druckpumpe die Wirkung der Dämpfe vermindern, ohne daß das Feuer unter dem Kessel selbst gestört oder durch Zusetzung der Schieber gehemmt wird, was für die Ersparung an Brennmaterial wesentlich erscheint.

Der Brennapparat mag übrigens durch die unmittelbare Einwirkung des Feuers unter den Blasen oder durch Wasserdämpfe betrieben werden, immer ist ein gleichförmiges Feuer durchaus nothwendig, damit sich die geistigen Dämpfe nicht stoßweise, sondern stets gleichförmig entwickeln. Ueberhaupt darf die Destillation nicht zu heiß betrieben werden, weil sonst, oder wenn die Abkühlung der geistigen Dämpfe wegen der Kleinheit des Kühl-Apparats oder aus Mangel an kaltem Wasser zu unvollständig von Statten geht, außer der tropfbaren geistigen Flüssigkeit auch noch spirituöse Dünste aus der Mündung des Kühlrohrs strömen und ungenutzt in die Luft entweichen, was natürsich eine geringere Branntwein-Ausbeute zur Folge haben würde.

Schließlich wird noch bemerkt, daß am unteren Theile des Dampfcylinders seitswärts an der Röhre bei k ein Hahn angebracht ist, um das Wasser aus demselben ganz ablassen zu können, wenn der Betrieb aufhört.

§. 38.

Insoweit es nach der dem §. 36. beigefügten Ministerial-Instruction zulässig ist, erhält der Dampfcylinder seinen Platz gewöhnlich in der Brennstube an einer Scheidewand, oder daneben in einer besonderen Abtheilung, doch so, daß er leicht und bequem zugänglich, gehörig zu übersehen ist, um bemerkbare Mängel gleich abstellen zu können, und die Dämpfe auf dem kürzesten Wege aus dem Cylinder nach den Verbrauchspunkten geleitet werden; wobei zu bemerken bleibt, daß letzteres in Beziehung auf das Kartoffel-Dampf-Faß weniger nothwendig ist, als in Betreff des Brenn-Apparats, wo der meiste Dampf gebraucht wird, und daher die Stellung des Cylinders mit vorzüglicher Rücksicht auf jenen erfolgen muß. Unter Umständen, namentlich wenn die Brennstube zu beschränkt sein sollte, den Cylinder darin anzubringen, kann er auch in dem Vormaischraume aufgestellt werden.

§. 39.

Zuweilen findet man, daß die Heizung der Blasen, Apparate, oder des hierzu bestimmten besonderen Dampfcylinders unmittelbar von dem Raume aus geschieht, in welchem dieselben aufgestellt sind, dies ist aber durchaus nicht zu empfehlen, weil es dann unmöglich ist, die den Brennerei-Räumen so nöthige Reinlichkeit zu erhalten und besonders in den Fällen jede Feuersgefahr zu verhüten, wenn solche nicht überwölbt, oder wohl gar von Fachwerks-Wänden umgeben sind. Unter allen Umständen bleibt es vorzuziehen, die Feuerungen von einem eigens dazu angelegten überwölbten Vorgelage aus zu heizen, und solchem entweder vom Hausflur, oder, wie es die Einrichtung des Gebäudes sonst mit sich bringt, unmittelbar von Außen einen Zugang zu geben, durch welchen das Brennmaterial eingebracht wird. Findet der Zugang von Außen statt, so muß außerdem noch eine Thür vom Vormaischraum, oder noch besser von der Brennstube dahin führen, damit der Brenner auf dem kürzesten Wege dahin gelangen und die Feuerungen dirigiren kann.

Ueber die Größe der Vorgelege lassen sich bestimmte Regeln nicht angeben. Sie hängt von dessen Lage zu andern Räumen, den Eingängen, der Zahl der Kessel- und sonstigen Feuerungen u. s. w. ab, und muß den jedesmaligen Verhältnissen angepaßt werden; doch pflegt man dieselben nicht unter 7 bis 8 Fuß im Quadrat groß zu machen, weil gleichzeitig etwas Brennmaterial darin Platz finden muß. Vorgelege, die lediglich zur Heizung von gewöhnlichen Oefen dienen, brauchen dagegen nur 2 bis 2½ Fuß im Quadrat groß zu werden.

Damit das Feuer die erforderliche Wirkung hervorbringe und zur Ersparung von Brennmaterial muß bei der Einrichtung der Feuerungen dahin gesehen werden, daß das Feuer zur vollen Entwickelung seiner Heizkraft komme und lebhaft auflodere, das Brennmaterial also bei gehörigem Luftzuge leicht und vollständig verbrenne, die erzeugte Wärme dem Kessel vortheilhaft mitgetheilt werde, und nicht zu viel heiße Luft aus dem Schornstein entweiche. Zu diesem Zweck wird in dem Feuerheerde ein Rost angebracht, um das Brennmaterial allgemein mit der zuströmenden Luft in Berührung zu bringen, und ein hoher, nicht zu weiter Schornstein angelegt, um dadurch den Luftzug zu vermehren. Ferner läßt man die durch das Feuer erhitzte Luft und den Rauch von dem Heerde in der §. 37. bemerkten Feuerröhre erst durch den zur Dampfentwickelung bestimmten Wasserkessel und dann rund um denselben streichen, damit dem Kessel möglichst viel Wärme mitgetheilt werde, ehe solche die Darre und demnächst den Schornstein erreicht. Oefters findet man sogar, daß, nachdem das Feuer durch und um den Dampfcylinder geleitet worden, solches erst noch unter die beiden Blasen und dann erst durch die Darre nach dem Schornstein geführt wird, was allerdings vortheilhaft ist. Wird der Apparat nicht durch Wasserdämpfe betrieben, sondern befindet die Feuerung sich unmittelbar unter den Blasen desselben, so wird die erhitzte Luft vom Heerde aus gleich in die die Blasen umgebenden Feuer-Kanäle und nicht erst durch die Blasen geführt, weil sonst ein zu heftiges Kochen der Maische stattfinden, und das Anbrennen derselben nicht zu vermeiden sein würde.

Die Heizkanäle müssen übrigens hinlänglich weit sein, um den erforderlichen Luftzug und das vollständige Verbrennen des Feuermaterials nicht zu hindern, wobei zu bemerken bleibt, daß, wenn das Feuer am Ende des Heerds, oder beim Austritt aus der durch den Dampfcylinder führenden Feuerröhre getheilt und durch 2 Seiten-Kanäle um die Blasen oder den Cylinder geführt wird, diese beiden Kanäle zusammen genommen mindestens so viel Weite bedürfen, als ein Feuer-Kanal erfordert, welcher ungetheilt rund um die Blase oder den Dampfcylinder geleitet wird. Die erstere Einrichtung ist der letzteren vorzuziehen, sie ist aber nicht überall anwendbar, weil es darauf ankommt, wie nach der Oertlichkeit die Darre und der Schornstein placirt werden müssen, ob also der Rauch am vorderen, oder hinteren Theile der Blasen, oder des Dampfcylinders in die Höhe geführt werden kann.

Die Einrichtung der gewöhnlichen Blasen-Feuerungen ist bekannt genug, und eine Beschreibung derselben daher zu übergehen. Dagegen soll die Einrichtung der Feuerung eines Dampfcylinders hier näher angegeben werden.

Gesetzt, der Dampfcylinder habe eine Länge von 8 Fuß und einen Durchmesser von $2\frac{1}{6}$ Fuß, so wird er nach der III. Tafel, auf welcher Fig. 13. den Grundriß der Feuerung, Fig. 14. den Längendurchschnitt durch die Mitte, Fig. 15. ein Querprofil (durch den Rost geschnitten und von vorn gesehen), und Fig. 16. die Vorder-Ansicht derselben vorstellen, so zu stellen sein, daß seine Unterseite 4 Fuß 2 Zoll über dem Fußboden des Aschenfalls liegt. Der Aschenfall oder der Raum unter dem Roste wird bis zur Oberkante der Roststäbe $3\frac{1}{12}$ Fuß hoch, so daß für den Feuerraum zwischen dem Roste und dem Cylinder $1\frac{1}{12}$ Fuß Höhe übrig bleiben.

Die Brustmauer vor dem Dampfcylinder wird etwa 2 Fuß stark, die darin befindliche Heizöffnung, deren obere Seite grade mit der Unterkante des Cylinders abschneidet, 10 Zoll im Lichten hoch, 1 Fuß 4 Zoll breit, und letztere an den Seiten mit einer Zarge von Gußeisen eingefaßt, an welcher die Heizthür von gleichem Material befestigt ist. Die Heizöffnung wird weder unter- noch überwölbt, sondern statt dessen werden in der ganzen Stärke der Brustmauer gußeiserne Platten eingelegt, von denen die beiden bis zur Sohle des darüber befindlichen Feuer-Kanals übermauerten Deckplatten und die vordere Heerdplatte waagerecht, die innere Heerdplatte aber mit 3 Zoll Neigung nach dem Roste hin liegt, so daß dadurch die vorher bemerkte Höhe des Feuerraums von 13 Zoll entsteht.

Hinter der geneigten Platte, mit deren oberen Seite bündig, liegt ein 3 Zoll hoher, $1\frac{1}{2}$ Zoll breiter eiserner Querbalken, und an diesen stößt der waagerecht liegende Rost, der bei 3 Fuß Länge $1\frac{1}{2}$ Fuß Breite hat. Die Roststäbe haben gleichfalls 3 Fuß Länge, sind oben $1\frac{1}{2}$ und unten $\frac{5}{8}$ Zoll stark, in der Mitte 3 Zoll und an ihren beiden Enden nur $2\frac{1}{4}$ Zoll hoch, die daran befindlichen Köpfe aber, welche ihr Lager bilden, 2 Zoll lang, $1\frac{1}{2}$ Zoll hoch und durchweg 2 Zoll breit, so daß wenn die Roststäbe mit ihren Köpfen an einander liegen, zwischen den erstern Zwischenräume von $\frac{1}{2}$ Zoll Weite entstehen, durch welche die dem Feuer nöthige frische Luft zugeführt wird, und die Asche abfällt. Die Roststäbe ruhen auf 2 Querbalken von 3 Zoll Höhe, $1\frac{1}{2}$ Zoll Stärke und sind eben so wie die Roststäbe von Gußeisen *).

*) Die Roststäbe, so wie überhaupt die Rostbalken und Heerdplatten u. s. w., müssen beim Verlegen an den Seiten und Enden überall etwas Spielraum behalten, damit sie der Hitze ausgesetzt sich frei ausdehnen können, weil sie sich sonst verziehen.

Hinter dem Roste wird der Feuerraum unterwölbt, und am vorderen Theile der Unterwölbung ein die Oberkante des Rostes um 9 Zoll übersteigender, mit einer Rollschicht abgeglichener Rücken (Damm genannt) von 10 bis 12 Zoll Stärke aufgemauert, damit das Feuer genöthigt wird, sich durch den zwischen diesem Rücken und dem Cylinder bleibenden, nur 4 Zoll hohen Raum zu drängen und eine größere Wirksamkeit auf den Cylinder anszuüben. Hinter jenem Rücken bis zur Einmündung der durch den Cylinder gehenden Feuer-Röhre fällt die Heerdfläche wieder bis zur Rostgleiche, also 13 Zoll unter der Unterkante des Cylinders, ab. Hier ist der bis zur Vorderseite der Eingangs erwähnten Brustmauer reichende, 18 Zoll breite Aschenraum durch eine 1 Stein starke Quermauer abgeschlossen, jedoch in derselben am Fußboden eine 1 Fuß hohe, 1½ Fuß breite Oeffnung angebracht, um die sich in dem hinteren Raume grade unter jener Feuer-Röhre sämmelnde Asche von Zeit zu Zeit herauszziehen zu können. Diese Oeffnung wird nach jedesmaligem Gebrauche wieder leicht vermauert, doch so, daß durchaus keine Luft durchdringen kann.

An dem vorderen Giebel des Cylinders mündet die durch denselben gehende Feuer-Röhre in einen in der Brustmauer liegenden 8 Zoll weiten und 13⅔ Zoll hohen Kanal, dessen Sohle mit der jener Feuer-Röhre gleich hoch und 5 Zoll über dem Boden des Cylinders liegt. Hier theilt sich das Feuer und geht in 2 gegen die Mitte des Cylinders 5 Zoll weite Kanäle, deren Sohle um 2⅔ Zoll ansteigt, so daß sie nur circa 11 Zoll Höhe behalten, an den beiden Seiten des Cylinders entlang, und am hintern

Giebel vereinigen sie sich wieder zu einem 8 Zoll weiten Kanale, welcher den Rauch weiter abführt *).

Die Feuer- oder Rauch-Kanäle werden, wie die Profile zeigen, oberhalb gegen den Cylinder etwas eingezogen, um demselben die Wärme möglichst mitzutheilen, und erhalten in der Wangenmauer des Vordergiebels Reinigungs-Oeffnungen, die mittelst eiserner Thüren verschlossen werden können.

Die beiden Längen-Kanäle und der Kanal im hintern Giebel müssen außerhalb mit 1½ Stein starken Wangenmauern versehen werden, damit sie die Hitze um so besser zusammen halten und von dieser nicht auseinander getrieben werden. Aus gleichem Grunde werden alle 4 Seiten-Kanäle so hoch übermauert, daß die obere Gleiche der Uebermauerung etwa nur 5 Zoll tiefer liegt, als die Oberseite des Cylinders.

Nach den angegebenen Abmessungen kommt die Sohle der Seiten-Kanäle 7⅔ Zoll höher zu liegen, als der Boden des Cylinders; und weil letzterer, um eine möglichst große Boden-Heizfläche darzubieten, an den Seiten nur auf der Vorderkante einer flachen Mauersteinschicht ruhen darf, welche mit der Mörtelfuge 3 Zoll hoch ist und gleichzeitig die Sohle der Seiten-Kanäle bildet, so folgt daraus, daß der untere Theil des Cylinders auf 4⅔ Zoll Höhe in den

*) Die Höhe der Feuer-Kanäle ist dadurch bedingt, daß solche in ihrem höchsten Punkte nach §. 34. noch mindestens 4 Zoll unter dem festgesetzten Wasserstand im Cylinder liegen müssen, der, wie §. 35. erwähnt, ⅔ der Höhe des Cylinders einnimmt.

Feuerraum hineinhängt, und der Feuerraum hier breiter als am Heerde ist, daher dessen Seitenmauern von der 3 zölligen Mauersteinschicht ab bis zum 18 Zoll breiten Roste abgeschrägt werden müssen. Am vorderen Giebel hat der Cylinder kein Auflager; am hinteren Giebel liegt er dagegen 5 Zoll auf.

Die Vermauerungen geschehen überall mit ausgesucht guten und möglichst feuerfesten Ziegeln in Lehmmörtel, und die dem Feuer ausgesetzten Mauerflächen der Feuer-Kanäle werden besonders glatt gearbeitet, damit das Feuer ungehindert durchziehen kann.

Mit Einschluß der Umfassungsmauern nimmt dieser Dampfcylinder überhaupt einen Raum von 12 Fuß Länge und $6\frac{1}{3}$ Fuß Breite ein, wobei die Höhe vom Fußboden des Aschenfalles bis zur Oberseite der Umfassungsmauern $6\frac{7}{12}$ Fuß oder des Cylinders 7 Fuß beträgt.

Wird das Feuer nur unter, durch und um den Dampfcylinder geführt, so kann man denselben so aufstellen, daß seine obere Seite 3 bis 4 Fuß über dem Fußboden der Brennstube liegt, und er von 3 Seiten zugänglich ist, wo dann der Fußboden des Vorgeleges und Aschenfalls nur 4 bis 3 Fuß gegen den der Brennstube zu senken bleibt. Führt man das Feuer aber auch noch unter die Blasen, dann muß der Dampfcylinder in den Fußboden der Brennstube eingelassen werden, so daß er nur circa 1 Fuß hervorsteht, weil sonst die Blasen zu hoch stehen müßten, und der Raum zur Aufstellung des Apparats nicht ausreichen würde. In diesem Falle kommt das Vorgelege circa 6 Fuß tiefer als die Brennstube zu liegen, die Treppe dahin wird unmittelbar in der Brennstube, gewöhnlich an der einen Längenseite des Cylinders angebracht, um schnell zur Feuerung zu gelangen, und der obere Theil des Cylinders und die Treppenöffnung zum Schutz mit einem Geländer umgeben.

Da, wo der Rauch die Feuer-Kanäle des Cylinders oder die Blasen verläßt, wird er durch eine circa 1 Fuß im Quadrat weite Röhre, welche in oder neben der Umfassungsmauer der Brennstube liegt, nach der Darre und aus dieser in den Haupt-Schornstein oder nach §. 10. auch gleich in den letzteren geleitet. Dieser erhält von der Heerdfläche des Feuerraums an gerechnet, eine Höhe von etwa 50 bis 60 Fuß, durchweg eine Weite von 16 Zoll im Quadrat, und wegen seiner Höhe im oberen Theile 1 Stein starke Wangen, unterhalb aber, wenn er isolirt und nicht mit den Etagenmauern des Gebäudes in einer solchen Verbindung steht, daß seine Stabilität dadurch gesichert ist, bei Ziegeln mittler Form mindestens 2½ Stein starke Wangen. Unterhalb wird er mit einer durch eine eiserne Thür verschlossenen Einsteige-Oeffnung von 16 Zoll Breite, 20 bis 24 Zoll Höhe versehen. Daß dieser Schornstein unter allen Umständen sehr sorgfältig fundamentirt sein muß, versteht sich von selbst.

In ähnlicher Weise werden die Feuerungen auch bei größeren Dampfcylindern eingerichtet, nur daß sich die einzelnen Abmessungen dann zum Theil verändern; namentlich müssen die Feuer- und Rauch-Kanäle, der Feuerraum u. s. w. verhältnißmäßig größer werden.

§. 40.

Das zum Brenn-Betriebe erforderliche Wasser muß, insofern es die Oertlichkeit gestattet, von höher gelegenen Punkten mit Röhren, welche durch Hähne abgeschlossen werden können, auf die sämmtlichen Gefäße geleitet werden, oder es ist in Ermangelung derselben in der Nähe eine Pumpe, Falls eine solche nicht schon vorhanden und hinlängliches Wasser giebt, anzulegen, von wo aus das Wasser mittelst Rinnen überall da, wo man es gebraucht, hingeschafft wird. Um des Pumpens beim jedesmaligen Wassergebrauch überhoben zu sein, kann man auch auf einem der oberen Böden einen angemessen großen hölzernen Reservoir aufstellen, diesen zur gelegenen Zeit aus dem Brunnen füllen und das Wasser von dort aus in kupfernen, an ihren Ausmündungen durch Hähne verschließbaren Röhren nach den verschiedenen Verbrauchsstellen leiten. Alsdann ist aber der Reservoir nicht unmittelbar auf die Balkendecke, sondern auf einen ähnlichen Untersatz, wie §. 9. bei den Quellbottigen beschrieben worden, in der Nähe einer der Umfassungswände zu stellen, damit das etwa überlaufende Wasser aufgefangen und auf dem kürzesten Wege nach Außen geführt wird, weil sonst die Dielung und das Gebälke u. s. w. leidet.

Rechnet man, daß zum täglichen Betriebe eines Wispels Kartoffeln im Ganzen durchschnittlich 5000 Quart Wasser erforderlich sind, und der Reservoir täglich 2 bis 3 mal gefüllt werden kann, so würde derselbe bei einer solchen Quantität Kartoffeln etwa 2000 Quart oder $111\frac{1}{9}$ Kubikfuß Inhalt haben müssen. Die dem Reservoir zu gebende Form ist von dem vorhandenen Bodenraum abhängig. Gewöhnlich wird ein rundes Gefäß gewählt.

Eine bequeme Wasserzuleitung ist ein Haupterforderniß; sie befördert das Geschäft und vermindert die Betriebskosten.

Am liebsten bedient man sich des Regen- oder weichen Wassers, aus Bächen, Flüssen, Teichen und süßen Seen, wenn es rein ist. Weil es im Sommer aber gewöhnlich zu warm ist, um in der Maische den erforderlichen niederen Grad der Kühlung hervorbringen zu können, so bleibt immer ein möglichst tiefer Brunnen dringendes Bedürfniß; sei es denn, daß man unmittelbar kalte Quellen herzuleiten kann.

Zweiter Abschnitt.

Anwendung der allgemeinen Grundsätze auf einen gegebenen Fall.

§. 41.

Um die Anwendung der in dem ersten Abschnitte enthaltenen allgemeinen Andeutungen deutlicher zu machen, mag ein Beispiel dienen, wodurch etwanige Zweifel sich leicht aufklären werden, und jeder Sachverständige im Stande sein wird, die für einen bestimmten Fall nach den örtlichen und sonstigen Umständen sich vielleicht als nothwendig darstellenden Abänderungen so zu treffen, daß doch die Hauptzwecke nicht verfehlt werden.

Es sei z. B. eine neue Branntwein-Brennerei mit den dazu gehörigen Malz-Räumen anzulegen, in welcher unter Anwendung von Wasserdämpfen und des doppelten Pistoriusschen Apparats täglich 3 Wispel oder 72 Scheffel, oder jährlich mit Ausschluß der heißen Sommer-Monate Juni, Juli und August, also in 270 Tagen circa 800 Wispel Kartoffeln zu Branntwein verarbeitet werden sollen, und die Baustelle sei der Anlage überall entsprechend, so würde das Gebäude zweckmäßig folgende Einrichtung und Größe erhalten müssen.

§. 42.

Zunächst kommt es auf die Größen-Bestimmung der verschiedenen Geräthe u. s. w. an, weil sich danach die Größe des ganzen Gebäudes richtet, und jene ist am übersichtlichsten in der Reihenfolge aufzunehmen, wie der Brennereibetrieb selbst von dem ersten Geschäft ab bis zur Branntwein-Ausbeute statt findet, weshalb auch in dem ersten Abschnitte ein ähnliches Verfahren beobachtet wurde.

Malzräume u. s. w.

Angenommen, daß jedem Scheffel Kartoffeln beim Einmaischen 4 Pfund Malzschrot zugesetzt werden, und zur Hefe pro Scheffel 1 Pfund dergleichen erforderlich ist, so beläuft sich der Jahresbedarf an Malzschrot auf $5 \times 72 \times 270 = 97200$ Pfund, und da nach der Anmerkung hinter §. 10. ein Scheffel rohe Gerste durchschnittlich 56 Pfund Malz giebt, so sind überhaupt jährlich $\frac{97200}{56} = 1735\frac{5}{7}$ Scheffel rohe Gerste auf Malz zu verarbeiten. Nach §. 5. können jährlich 64 Quellsätze abgemalzt werden, daher auf jeden Quellsatz $\frac{1735\frac{5}{7}}{64} = 27\frac{27}{224}$ Scheffel rohe Gerste kommen, wofür mit Weglassung des Bruchs abgerundet 27 Scheffel zu rechnen sind. Hiernach muß:

a) Der Quellbottig nach §. 7. einen Inhalt von $27 \times 2\frac{1}{2} = 67\frac{1}{2}$ Kubikfuß und bei $2\frac{1}{2}$ Fuß innerer Tiefe und runder Form einen mittlern lichten Durchmesser von $70\frac{1}{2}$ Zoll erhalten. Mit der Stärke der Faßdauben (diese zu 2 Zoll angenommen), und da er unterhalb 3 Zoll weiter als oben ist, braucht er daher einen Standraum von 76 Zoll $= 6\frac{1}{3}$ Fuß Durchmesser. Seine Höhe in den Faßdauben würde sich mit Einschluß der Dicke des Bodens u. s. w. auf $2\frac{11}{12}$ Fuß belaufen.

b) Der Malzplatz müßte nach §. 8. einen Flächenraum von $27 \times 13\frac{1}{3} = 360$ Quadratfuß erhalten, wobei aber der Raum, welchen der Maischbottig einnimmt (Falls es vorgezogen wird, diesen auf dem Malzplatze selbst aufzustellen), und der Platz vor den Thüren u. s. w., so wie zur Ausbreitung des Getreides unnutzbare Winkel unter der Treppe u. s. w. besonders berechnet und noch zugesetzt werden müssen.

c) Die Darre erfordert nach §. 10. eine Hordenfläche von höchstens $27 \times 5\frac{1}{2} = 148\frac{1}{2}$ Quadratfuß, und da aus den in jenem § angegebenen Gründen keine Gänge davor angelegt werden, so braucht die Darrkammer grade nur dieselbe Größe zu erhalten.

Brennerei-Geräthe.

Bei einem täglichen Betriebe von 72 Scheffeln werden die Maischbottige so eingerichtet, daß jeder die Maische von 36 Scheffel Kartoffeln aufnehmen kann.

d) Das Dampffaß erhält also nach §. 14. eine Größe auf 36 Scheffel oder $36 \times 2\frac{1}{2} = 90$ Kubikfuß, und muß bei diesem Inhalte und runder Form 53 Zoll mittlern lichten Durchmesser und 70 Zoll innere Höhe, oder mit Einschluß der Dauben- und Boden-Stärken $60\frac{1}{3}$ Zoll $= 5\frac{1}{36}$ Fuß oberen Durchmesser, $53\frac{2}{3}$ Zoll $= 4\frac{17}{36}$ Fuß unteren Durchmesser und 80 Zoll $= 6\frac{2}{3}$ Fuß Höhe erhalten.

e) Das dazu gehörige Kartoffel-Waschfaß wird circa 4 Fuß in den Dauben hoch, oben 5 und unten $5\frac{1}{3}$ Fuß im äußeren Durchmesser weit.

f) Das Wasserfaß, in welchem das zur Einmaischung nöthige warme Wasser gekocht wird, muß nach §. 15. pro Wispel der gleichzeitig einzumaischenden Kartoffeln $10\frac{2}{3}$ bis $13\frac{1}{3}$ Kubikfuß, auf $1\frac{1}{2}$ Wispel also einen Inhalt von 16 bis 20 Kubikfuß oder circa 500 Quart haben; in seinen äußeren Abmessungen wird es daher circa $4\frac{1}{2}$ Fuß Höhe und $2\frac{3}{4}$ Fuß im mittlern Durchmesser erfordern.

g) Der Vormaischbottig erhält nach §. 16. eine elliptische Form und dieselbe Größe, welche die Maischküben haben, also nach Litt. i. 3000 Quart $= 111\frac{1}{9}$ Kubikfuß Inhalt. Wird dieselbe im Lichten 3 Fuß oder in den Stäben $3\frac{5}{12}$ Fuß hoch, so beträgt nach der dem §. 20. angehängten Tabelle II. sein mittler Durchmesser im Innern nach der Länge 106 Zoll und nach der Breite 64 Zoll, und seine äußeren Abmessungen unterhalb stellen sich daher auf resp. 112 Zoll $= 9\frac{1}{3}$ Fuß und $69\frac{1}{2}$ Zoll $= 5\frac{19}{24}$ Fuß heraus.

h) Das Kühlschiff bedarf nach §. 17. einer lichten Grundfläche von $36 \times 9 = 324$ Quadratfuß, bei 24 Fuß Länge, also etwa 14 Fuß Breite und wird $\frac{5}{6}$ Fuß in den inneren Seitenwänden hoch.

i) Jeder Maischbottig erhält nach §. 19. pro Scheffel Kartoffeln 80 bis 84 Quart Inhalt, auf 36 Scheffel also abgerundet 3000 Quart = $111\frac{1}{9}$ Kubikfuß, und nimmt man die innere Höhe desselben zu $3\frac{1}{2}$ Fuß an, so ergiebt sich nach der dem §. 20. angehängten Tabelle I. seine mittlere lichte Länge zu 88 Zoll und seine mittlere lichte Breite zu 66 Zoll. Er erfordert daher nach §. 20. einen Platz von $88 + 6 = 94$ Zoll oder $7\frac{5}{6}$ Fuß Länge und $66 + 5\frac{1}{2} = 71\frac{1}{2}$ Zoll oder $5\frac{23}{24}$ Fuß Breite. Die Höhe des Bottigs beträgt außerhalb $3\frac{1}{2} + \frac{5}{12} = 3\frac{11}{12}$ Fuß. Nun wird täglich die Maische von 72 Scheffel Kartoffeln, also aus 2 Maischgefäßen verbraucht, es sind daher nach §. 19. bei 3 tägiger Maische überhaupt 8 Maischbottige von der angegebenen Größe nothwendig.

k) Die Zahl der Hefengefäße beläuft sich nach §. 24. auf das Dreifache der täglich zur Einmaischung kommenden Bottige, und jeder erhält $\frac{1}{18}$ der Größe der dazu gehörigen Maischbottige. Nun werden nach Litt. i. täglich 2 Bottige à 3000 Quart Inhalt bemaischt, mithin sind im Ganzen 6 Stück Hefengefäße à $166\frac{2}{3}$ Quart Inhalt erforderlich.

l) Der Vormaischwärmer, worüber sich 3 Entlutterungsbecken (§. 29.) befinden, weil angenommen wird, daß Spiritus von 86 bis 90 Prozent nach dem Trallesschen Alkoholometer gezogen werden soll, muß nach §. 27. 750 Quart Füllungsraum haben und würde etwa 4 Fuß im Durchmesser weit werden.

m) Von den beiden Blasen erhält jede bei täglich 9 maliger Füllung nach §. 28. einen Inhalt von 72×14

= 1008 oder abgerundet 1000 Quart, wonach der Brennblase (ersten Blase) 4½ Fuß Durchmesser und 2⅓ Fuß Seitenhöhe, und der Maischblase (zweiten Blase) 5 Fuß Durchmesser und 1⅞ Fuß Seitenhöhe zu geben sein würde.

n) Das Kühlfaß, in welchem sich nach §. 30. das etwa 5½ mal schraubenförmig windende Schlangenrohr befindet, wird 8 Fuß hoch und erhält 5⅔ Fuß oberen und 5 Fuß unteren Durchmesser.

o) Der Dampfcylinder erhält nach §. 35. 8 Fuß Länge und 2⅝ Fuß Durchmesser, erfordert jedoch mit Einschluß des ihn umgebenden Mauerwerks, worin die Feuer-Kanäle liegen, nach §. 39., einen Platz von 12 Fuß Länge und 6⅓ Fuß Breite.

Endlich ist nach §. 37.

p) ein Gefäß von ungefähr 300 Quart Inhalt, welches das von den Becken abfließende warme Wasser aufnimmt, um mit diesem den Cylinder in der gehörigen Füllung erhalten zu können, erforderlich.

Außerdem sind noch anzubringen:

q) eine Schlempgrube, welche so groß sein muß, daß sie die an jedem Tage gewonnene Schlempe, also von 2 Maischbottigen à 3000 Quart, aufnehmen kann; sie würde daher bei 8 Fuß Länge und 6 Fuß Breite eine Tiefe von 5 Fuß erhalten müssen; und

r) ein Wasserreservoir von elliptischer Form und circa 6000 Quart Inhalt (nach §. 40.), dessen innere Höhe sich auf 5 Fuß belaufen müßte, wenn man seinen mittleren lichten Längen-Durchmesser zu 8½ Fuß und den Breiten-Durchmesser zu 6⅔ Fuß annimmt. Derselbe muß also außerhalb $5\frac{5}{12}$ Fuß Höhe und einen Standraum von circa 9 Fuß Länge und $7\frac{1}{6}$ Fuß Breite erhalten.

§. 43.

Nachdem die Abmessungen der Malzräume und einzelnen Geräthe festgesetzt worden, bleibt die innere Einrichtung des Gebäudes so zu treffen, daß die verschiedenen Räume nicht nur eine das Geschäft so viel als möglich erleichternde Lage und Verbindung zu und mit einander haben, sondern auch die Räume selbst eine hinlängliche Größe bekommen, und die Geräthe gehörig placirt werden, um sich überall frei bewegen und die Arbeiten ohne Hinderniß ausführen zu können.

Die IV. Tafel stellt ein mit Rücksicht hierauf entworfenes Gebäude dar, und zwar Fig. 17. den Aufriß, Fig. 18. den Längendurchschnitt durch die Mitte des Gebäudes, Fig. 19. den Grundriß eines Theils des Souterrains, Fig. 20. den Grundriß des andern Theils des Souterrains und eines Theils der Etage darüber, und Fig. 21. den Grundriß des anderen Theils der Etage über dem Souterrain, die obere Etage und den Dachboden im linken Seitenflügel, welchen noch einige Erläuterungen hinzugefügt werden.

Der mehreren Deutlichkeit wegen haben die einzelnen Räume in den Grundrissen mit den entsprechenden im Längenprofil einerlei Bezeichnung durch große Buchstaben erhalten, so daß z. B. der Raum C im Grundriß Fig. 20. derselbe ist, welcher im Längendurchschnitt Fig. 18. mit C angedeutet worden.

Es ist angenommen, daß das Gebäude ganz massiv von gebrannten Ziegeln (mittler Form) erbaut werde, mit Ausnahme des Raums unter der Brennstube N, der ausgefüllt wird, ein Souterrain erhält, und mit einem gewöhnlichen Ziegeldache versehen werde.

Dasselbe ist im mittlern oder Hauptheile 34 Fuß lang, 37 Fuß tief, 2 Etagen und mit Einschluß der 5 Fuß hohen Plinte vom äußeren Terrain bis unter die Dachbalken 24 Fuß hoch. Die beiden Seitenflügel, von denen der linke 22⅔ Fuß, und der rechte 23⅓ Fuß lang ist, erhalten nur eine Etage, 36 Fuß Tiefe, und werden mit Einschluß der 5 Fuß hohen Plinte vom äußeren Terrain bis unter die Dachbalken 14 Fuß hoch.

In dem linken Flügel links von dem mit Ziegeln gepflasterten Flur A befindet sich die gedielte Wohnstube B des Brenners, dahinter die gedielte Schrotkammer C, und neben dieser hinter dem Flure ein mit Ziegeln in Cement gepflasterter Raum D, auf welchem der Quellbottig a steht, unter dem eine Rinne das Wasser nach Außen führt.

Die Räume ABCD liegen mit ihrem Fußboden 5 Fuß über dem äußeren Terrain und haben vom Fußboden bis unter die Balken, da hier nur Windelböden anzulegen sind, eine lichte Höhe von 9 Fuß.

Darunter befindet sich der gewölbte Malzkeller E, der seinen Zugang vom Flure A mittelst einer Treppe hat. Er liegt mit seinem gepflasterten Fußboden 4 Fuß unter der Terraingleiche, ist 8 Fuß bis unter den Scheitel der Kappengewölbe hoch und gewährt noch mehr Raum, als die Berechnung sub b im vorigen § angiebt, was nach §. 8. nur von Nutzen sein kann.

Von hier aus wird das Malz mit einer im Kehlgebälke angebrachten Winde durch die Windeöffnungen xx auf den Dachboden F, wohin gleichzeitig eine Treppe vom Flur A aus führt, und dann auf die Darre G gebracht. Diese ist deshalb in der oberen Etage des mittlern Gebäudes über dem hinteren Theile der Brennstube angelegt, um die von der Dampfcylinder- und Blasen-Feuerung aufsteigende Hitze noch zum Darren zu benutzen, welches dadurch geschieht, daß der von jener Feuerung direct nach dem Haupt-Schornstein führende, 1 Fuß im Quadrat weite Rauchkanal durch einen Schieber von der Brennstube aus abgeschlossen, und der Rauch auf diese Weise genöthigt wird, erst in einem zweiten Rauchkanale von gleicher Weite durch die unter den Darrhorden hin- und herlaufenden blechernen Röhren, und aus diesen wieder in den Schornstein zu ziehen. Wird nicht gedarrt, so bleibt jener Schieber offen, der erwähnte zweite Rauch-Kanal wird mittelst eines Schiebers abgesperrt, und der Rauch zieht nun unmittelbar durch den Schornstein ab. Die Darre ist in den waagerecht liegenden, die ganze Darrkammer einnehmenden Horden von Eisendraht 14 Fuß lang, $10\frac{3}{4}$ Fuß breit, entspricht also dem Bedürfniß §. 42. Litt. c. Der Darrraum wird mit Ziegeln gepflastert, mit einem Kappengewölbe überspannt und vom Pflaster bis unter den Scheitel der Kappe $9\frac{1}{2}$ Fuß hoch.

Auf dem Gewölbe befindet sich ein 16 Zoll im Quadrat weites, zum Dache hinausführendes und oben mit einer Kappe abgedecktes massives Dunstrohr.

Die Zuführung frischer Luft unter die Darrhorden erfolgt durch die im Pflaster unter der Darre liegenden Luftröhren, welche durch kleine Oeffnungen in der Hinterfronte des Gebäudes mit der äußeren Atmosphäre in Verbindung stehen.

Der Dachboden F dient zur Aufschüttung von Kartoffeln, wohin dieselben getragen oder ebenfalls mittelst der vorhin bemerkten Winde gefördert werden (wozu dann noch eine Oeffnung in der Giebelmauer nahe über dem äußeren Terrain angebracht werden muß), und zur Aufstellung der Kartoffelfege (§. 14.).

Die übrigen Böden auf dem Dachgebälke und im Kehlgebälke dienen zur Bereitung von Luftmalz und zur Aufbewahrung sowohl des fertigen Malzes, als der rohen Gerste, weshalb dieselben auch überall mit durchlaufenden Dachluken versehen sind.

Einen Kartoffelkeller unter dem Brennerei-Gebäude anzulegen, gestattete der Raum nicht, und es ist deshalb angenommen, daß die Kartoffeln nach und nach aus nahe gelegenen Kellern in andern Gebäuden und aus den Erdgruben im Felde herbeigeschafft werden.

Sind die Kartoffeln durch's Fegen vom anklebenden Sande u. s. w. befreit, so kommen sie zur gänzlichen Reinigung in das im Raume H auf einem Gerüste stehende Maischfaß e und aus diesem unmittelbar in das dicht daneben in der Mauer gegen den Vormaischraum I stehende Dampffaß d, wohin die zum Kochen der Kartoffeln nöthigen Dämpfe in einer mit dem Dampcylinder in Verbindung stehenden Röhre geleitet werden.

Der Raum H ist mit Ziegeln auf der flachen Seite, jedoch in Cement gepflastert, überwölbt und liegt mit dem Darrraum gleich hoch. Seine Höhe vom Fußboden bis unter den Scheitel der Kappe beträgt ebenfalls $9\frac{1}{2}$ Fuß.

Das Gerüste unter dem 4 Fuß hohen Kartoffel-Waschfasse ist $1\frac{1}{6}$ Fuß hoch, und die Oberkante des letzteren liegt mit der Oberkante des Dampffasses in einer waagerechten Ebene, mithin tritt das $6\frac{2}{3}$ Fuß hohe Dampffaß mit seiner Unterkante $1\frac{1}{2}$ Fuß unter das Pflaster des Raums H, und weil dieses sich $5\frac{1}{2}$ Fuß über das Pflaster des Vormaischraums erhebt, so folgt daraus, daß das Dampffaß noch 4 Fuß über dem letzterwähnten Pflaster steht, welcher Abstand hinreicht, die gekochten Kartoffeln, ohne sie erst heben zu dürfen, aus dem Dampffasse gleich auf die daneben stehende, 4 Fuß hohe Mühle ziehen und zerquetschen zu können, von wo sie in den auf Unterlagen stehenden Vormaischbottig g kommen und mit dem Zusatze von Malzschrot und heißem Wasser verarbeitet werden.

Der Vormaischraum I ist mit Gurten und Kappen überwölbt und von seinem $8\frac{1}{2}$ Fuß über dem äußeren Terrain liegenden Fußboden bis unter dem Scheitel der Kappen 15 Fuß hoch.

Das Gefäß f, worin das zu jenem Behuf erforderliche heiße Wasser mittelst der aus dem Dampfcylinder in dasselbe geleiteten Dämpfe bereitet wird, ist in der Nähe des Vormaischbottigs an der Wand so aufgestellt, daß sich sein Boden etwa 1 Fuß über den Fußboden erhebt, um Eimer untersetzen und das heiße Wasser darin ablassen zu können.

Der Vormaischraum gewährt bei der projectirten Größe desselben und der gewählten Stellung der Gefäße vollkommen ausreichenden Platz für die darin auszuführenden Geschäfte.

Durch das im Boden des Vormaischbottigs befindliche Zapfenloch wird die dicke Maische in einer Röhre nach dem in der Etage des rechten Seitenflügels aufgestellten Kühlschiff h geleitet. Um zu diesem Zweck das erforderliche Gefälle zu bekommen, liegt der Fußboden des Vormaischraums $2\frac{1}{2}$ Fuß höher, als der gepflasterte Fußboden des Kühlschiffraums K, welcher letztere sich also noch 6 Fuß über das äußere Terrain erhebt. Dieser Raum ist an den drei freien Seiten hinlänglich mit Lukenöffnungen, deren Brüstungen die Oberkante des Kühlschiffs nicht übersteigt, zur Beschaffung eines durchaus nothwendigen Luftzugs versehen, weil die Maische schnell abkühlen muß. Dies noch mehr zu befördern, wird die Maische in beständiger Bewegung erhalten, und dazu ein angemessen breiter Gang für die arbeitenden Personen an allen 4 Seiten des Kühlschiffs gelassen.

Der Kühlschiffraum hat vom Pflaster bis unter die Dachbalken eine Höhe von 8 Fuß, und das bloß mit gespundeten Brettern bedielte Gebälke wird von zwei darüber gelegten Trägern gehalten, welche gleichzeitig die Dachstuhlschwellen bilden und wegen ihrer freien Lage auf 22 Fuß Länge mit Sprengwerken versehen sind. Die Balken werden mit Schraubenbolzen an den Trägern befestigt. Wollte man das Gebälke mit Unterzügen und Stielen unterstützen, so würden letztere die Aufstellung des Kühlschiffs behindern und das Durcharbeiten des Maischguts erschweren.

Zur leichtern Verbindung des Kühlschiffraums mit dem darüber gelegenen Dachboden führt auch hier aus ersterem eine schmale (etwa 2½ Fuß breite) Treppe dahin. Eben so ist jener Raum mit dem Vormaischraum durch eine Thür und einige Stufen verbunden.

Im Souterrain unter dem Kühlschiffe befindet sich der Gährungsraum L, in welchem die 8 Maischbottige iii.... stehen, so daß die Maische aus dem Kühlschiffe durch ein Rohr und eine darunter gelegte Rinne beliebig nach jedem einzelnen Küben geleitet werden kann. Sie sind auf einen circa 1 Fuß hohen Absatz gestellt, über den sie mit dem Bodentheile, worin sich das Zapfenloch befindet, 9 bis 12 Zoll vorstehen. Längs dieses Absatzes unter den Zapfenlöchern und mit diesen verbunden liegt die kupferne Röhre, durch welche die reife Maische nach dem Maischwärmer geführt wird.

Der freie Raum vor den Maischbottigen im Gährungsraume erhält ein sorgfältig gefertigtes Ziegelpflaster mit etwas Gefälle nach dem rechten Giebel hin, wo das sich bei der Reinigung des Raums und der Gefäße sammelnde Spühlwasser in einem durch die Fundamentmauer gelegten Kanal nach der dicht daneben befindlichen gemauerten Senkgrube von etwa 2 Fuß im Quadrat weit geführt und hier mit einer gewöhnlichen Pumpe weiter geschafft wird.

Bei der freien und luftigen Lage des Gährungsraumes, der an den beiden gegenüberliegenden Längenwänden und an der Giebelseite Fenster hat, ist die unter ungünstigen Umständen im §. 18. bevorwortete Kamin-Anlage in demselben zur Abführung der unreinen Luft entbehrlich.

Der mit Gurten und Kappen überwölbte Gährungsraum liegt mit seinem Fußboden 4 Fuß tiefer, als das äußere Terrain, und hat bis unter den Scheitel der Kappen eine lichte Höhe von 9 Fuß.

Um schnell und bequem aus dem Vormaischraum nach dem Gährungsraum zu gelangen, ist von dem ersteren eine Treppe nach dem Vorkeller M des Gährungsraums angebracht, und von dem Vorkeller wiederum ein Ausgang durch den vorderen Theil der Brennstube N nach dem Hofe, damit, insofern das eine oder andere Maischgefäß einer Schadhaftigkeit wegen auseinander genommen werden muß, die Stücke desselben auf dem kürzesten Wege nach dem Hofe geschafft werden können. Dieser überwölbte Vorkeller, welcher bei 9 Fuß Höhe bis unter den Scheitel der Kappen mit seinem gepflasterten Fußboden $1\frac{1}{2}$ Fuß unter dem äußeren Terrain, also $2\frac{1}{2}$ Fuß höher als der Gährungsraum liegt, bietet gleichzeitig Platz genug dar, die 6 Hefengefäße kkk... darin aufzustellen.

Durch die angegebenen Verbindungen des Vormaischraums mit dem Gährungsraume, dem Kühlschiffe und der Brennstube kann der Brenner ohne Erschwerniß nach allen Punkten kommen, wo seine Gegenwart erforderlich ist.

Die neben dem Vormaischraume und dem Vorkeller liegende überwölbte und ebenfalls mit Ziegeln gepflasterte Brennstube N ist zur Aufstellung des Brenn-Apparats und des Dampfcylinders u. s. w. nach den für dieselben im vorigen § sub Litt. lmo und p angegebenen Abmessungen, sowohl Hinsichts ihrer Grundfläche, als Höhe, zweckentsprechend bestimmt, denn sie reicht bei $14\frac{1}{2}$ Fuß Breite durch die ganze Tiefe des Gebäudes und hat von dem

1 Fuß über dem äußeren Terrain liegenden Fußboden 12 Fuß Höhe bis unter den Scheitel der Kappen.

Außer der schon angedeuteten Verbindung kann man aus derselben nicht nur unmittelbar auf den Hof, sondern auch nach dem Flure A u. s. w. gelangen.

Die Füllung des Vorwärmers l mit der reifen Maische geschieht in der bereits erwähnten Weise durch eine von der Brennstube aus in Bewegung zu setzende Druckpumpe z, deren kupferne Leitungsröhren mit den Maischbottigen in Verbindung stehen.

Das Kühlfaß n erhält seinen Platz außerhalb des Gebäudes an der Hinterfronte auf einem angemessenen Unterbau, und der fertige Branntwein läuft aus dem im Kühlfasse befindlichen Schlangenrohr in einer kupfernen Röhre nach der im Spirituskeller O angebrachten Vorlage. In diesem Keller, der gewölbt, gepflastert und mit dem Vorkeller M gleich hoch ist, werden gleichzeitig einige Branntwein-Vorräthe aufbewahrt. Er ist zwar nur vom Vorkeller M zugänglich, hat jedoch durch letzteren die schon oben bemerkte Verbindung nach Außen, damit die Branntweinfässer leicht ein- und ausgebracht werden können.

Der Dampfcylinder o, dessen Ummauerung 1 Fuß über dem Pflaster der Brennstube liegt, übrigens aber in demselben eingelassen ist, hat den Umständen nach eine möglichst freie und übersichtliche Lage; er kann daher von dem Brenner leicht beobachtet werden. Dicht daneben führt eine kleine $\frac{1}{4}$ gewundene massive Treppe nach dem gewölbten Vorgelege P zur Feuerung des Dampfcylinders. Das Pflaster desselben und des Aschenfalls liegt $4\frac{7}{12}$ Fuß tiefer, als das äußere Terrain, oder $5\frac{7}{12}$ Fuß tiefer, als der Fußboden der Brennstube, weil die Feuerung mit ihrem Roste und Aschenfall solches bedingen, wie §. 39. näher ausgeführt worden.

Das Vorgelege hat vom Pflaster bis unter den Scheitel des Gewölbes 8 Fuß, mit Einschluß der Gewölbestäcke und des Pflasters darüber aber $8\frac{1}{12}$ Fuß Höhe, tritt sonach auf $3\frac{1}{3}$ Fuß Höhe in die Brennstube hinein und bildet hier ein Podest, über welches mittelst einiger Stufen die Communication mit dem Flure A, dessen Fußboden 4 Fuß höher als der der Brennstube liegt, hergestellt wird.

Bei dem Vorgelege, mit demselben verbunden, befindet sich außerhalb des Gebäudes unter und neben der Freitreppe noch ein kleiner überwölbter Raum Q, in welchem einiges Brennmaterial vorräthig gehalten wird, das durch die in der Zeichnung angedeutete Lukenöffnung einzubringen ist.

Die Einrichtung des Dampfcylinders und dessen Feuerung ist übrigens ganz dieselbe, wie in den §§. 37 und 39. beschrieben worden, und bleibt dabei nur noch zu bemerken, daß die in der Feuerung entwickelte Hitze, sobald sie die Rauchkanäle des Dampfcylinders verläßt, erst noch unter die beiden Blasen mm (wenn es verlangt wird) geleitet werden kann, ehe sie die Darre und den Schornstein erreicht. Letzterer steht unmittelbar an der Hinterfronte des Gebäudes, ist mit dieser verbunden und hat, bei einer Weite von 16 Zoll im Quadrat, vom Heerde der Feuerung ab circa 50 Fuß Höhe.

Die Füllung des Dampfcylinders erfolgt durch eine Druckpumpe aus dem unter den Becken stehenden Gefäße p,

Die Schlempgrube erhält ihren Platz außerhalb des Gebäudes an der Hinterfronte neben dem Kühlfasse, ist ausgemauert und mit einer aus Zargen und Bohlen bestehenden Decke versehen. Die aus der Brennblase abgelassene Schlempe wird in einer verdeckten, in dem Pflaster der Brennstube liegenden Rinne dahin geleitet und mit einer Pumpe herausgefördert, wenn man sie zur Viehfutterung weiter schaffen will.

Endlich bleibt noch die Aufstellung des Wasserreservoirs r übrig, wozu der Raum R zwischen der Darre und dem Kartoffelwaschraum in der oberen Etage des mittleren Gebäudes benutzt wird, weil es mit seinem unteren Theile höher als die verschiedenen Verbrauchspunkte liegen muß, damit das Wasser aus demselben ohne Hinderniß dahin fließen kann, wo es erforderlich ist, sobald die in den Leitungsröhren angebrachten Hähne geöffnet werden. Der Raum R ist mit Ziegeln in Cement gepflastert, überwölbt und mit dem Darrraume gleich hoch.

Bei dem bedeutenden Drucke, welchen der Wasserreservoir im gefüllten Zustande anf seine Unterstützung ausübt, muß das Gewölbe u. s. w. darunter besonders stark und sorgfältig angefertigt werden, damit es die nöthige Sicherheit gewährt.

Der Brunnen wird in der Nähe der Brennerei angelegt und mit zwei Pumpenröhren versehen, um nicht in Verlegenheit zu kommen, wenn eine davon schadhaft wird und ihre Dienste versagt. Jede erhält 2 Tüllen mit resp. Rinnen oder Röhren, eine oberhalb zur Speisung des Reservoirs, und eine unterhalb zum Wasserbedarf in den unteren Räumen. Während die oberen Tüllen im im Gebrauche sind, werden die unteren verstopft oder durch Hähne abgeschlossen.

Diese Darstellung, verglichen mit den Zeichnungen, ergiebt, daß sich die Einrichtung des Gebäudes für den Brennereibetrieb füglich nicht zusammenhängender und bequemer treffen läßt, und daß alle Umstände berücksichtigt sind, worauf es wesentlich ankommt, namentlich, daß die Geschäfte selbst möglichst erleichtert werden. So braucht z. B. das Branntweins-Material nur 3 mal gehoben zu werden, nämlich die rohen Kartoffeln nach dem Boden, die gekochten und gequetschten Kartoffeln in den Vormaischbottig, und die reife Maische aus dem Gährungsraum nach dem Vorwärmer; alle übrigen Förderungen desselben machen sich gleichsam von selbst und erfordern nur das Oeffnen von Hähnen, Zapfen u. s. w.

Für ein und denselben Umfang des Brennereibetriebs lassen sich nun zwar noch verschiedene andere zweckmäßige Bau-Projecte aufstellen, je nachdem z. B. das Kühlschiff und das Kartoffeldampffaß nicht im Gebäude, sondern außerhalb desselben liegen, der Malzplatz nur theilweise im Souterrain und theilweise oder ganz in der Etage, dagegen ein kleiner Kartoffelkeller im Brennerei-Gebäude selbst angebracht, ein besonderer Maischreservoir (§. 23.) angelegt, die Brennerwohnung vielleicht ausgedehnter werden soll, u. dgl. m.; wie aber auch die Einrichtung des Brennerei-Gebäudes in jedem einzelnen Falle verlangt werden mag, immer wird man mit Zuhülfnahme der allgemeinen Bemerkungen im ersten Abschnitte und der oben speciell beschriebenen Einrichtung im Stande sein, danach ein Gebäude zu entwerfen, welches wenigstens in den wesentlichen

Punkten dem Bedürfniß und der Oertlichkeit entspricht und dabei eine bequeme Einrichtung hat

§. 44.

Am Schluß dieser kleinen Schrift wird denjenigen, welche neue Branntwein-Brennereien nach den neuesten Methoden einrichten wollen und mit allen dahin einschlagenden Verhältnissen und dem Geschäft selbst noch nicht hinlänglich bekannt sind, die Mittheilung nicht unwillkommen sein, daß der Branntwein-Brennerei-Besitzer C. L. H. Fischer in Berlin (Alte Jacob-Straße Nr. 78) schon seit mehreren Jahren diesem Gewerb-Zweige ganz vorzügliche Aufmerksamkeit gewidmet und sich durch die vielen in der Nähe und entfernt von Berlin unter verschiedenen örtlichen Umständen eingerichteten Brennereien eine solche Uebersicht und Sachkenntniß davon verschafft hat, daß ihm jeder desfallsige Auftrag mit vollkommener Sicherheit anvertraut, und dann der beste Erfolg von der Anlage erwartet werden kann.

Eben so kann der Kupferschmiede-Meister Heckmann in Berlin, Hausvoigtei-Platz Nr. 12, der sich mit der vollständigen Anfertigung neuer und Veränderung alter Brenn-Apparate mit allen dazu nöthigen messingenen und kupfernen Geräthen, als Dampfcylinder, Pumpen, Röhrleitungen u. s. w., nach den neuesten Methoden beschäftigt und zu diesem Behuf eine eigene große Werkstatt besitzt, wegen seiner sorgfältigen und dauerhaften Arbeit bei möglichst billigen Preisen empfohlen werden. Einige von demselben erhaltene Notizen über die Kosten von Apparaten nebst Zubehör von verschiedener Größe werden hier beigefügt, und wenn solche auch nicht überall zutreffen können, weil die Einrichtung der Gebäude und die Lage der einzelnen Betriebs-Räume von Einfluß dabei sind, indem z. B. in dem einen Fall längere oder kürzere Röhrleitungen nothwendig sind, als in dem andern, so werden sie doch bei Kosten-Ueberschlägen zur Anlegung einer Brennerei von bestimmtem Umfange zum ungefähren Anhalt dienen.

Wird gewöhnlich der doppelte Pistoriussche Apparat angewendet, und derselbe durch Wasserdämpfe betrieben, so kostet solcher:

A. bei einem täglichen Betriebe von 2 Wispeln Kartoffeln.

1) Die beiden Blasen, jede von 750 Quart Inhalt, zusammen circa 1000 Pfd. schwer; à Pfd. 13 Sgr. $1\frac{1}{2}$ Pf.		437 Thlr. 15 Sgr. — Pf.
2) zwei Blasenhelme dazu à 70 Pfd.	140 Pfd.	
3) zwei Rührmaschinen in den Blasen à 40 Pfd. schwer.	80 —	
4) ein Cylinder im untern Boden des Maischwärmers	70 —	
5) der Maischwärmer selbst von 500 Quart Inhalt	550 —	
6) der Maisch- und Lutterhahn nebst Rührmaschine am Vorwärmer	100 —	
Latus	940 Pfd.	437 Thlr. 15 Sgr. — Pf.

Transport	940 Pfd.	437 Thlr.	15 Sgr.	— Pf.
7) drei Becken über dem Vorwärmer; à 200 Pfd.	600 Pfd.			
8) eine große Schlange	130 —			
9) eine Probeschlange .	30 —			
10) ein Rohr vom Becken nach der Schlange	25 —			
11) ein Rohr vom Kühlfaß nach den Becken .	20 —			
12) ein Rohr zum Füllen	20 —			
zusammen circa	1765 Pfd.			
und pro Pfd. incl. aller Nebenarbeiten 14 Sgr. $4\frac{1}{2}$ Pf. . . .		845 Thlr.	21 Sgr.	10 Pf.
13) Das Luftventil in dem Helme der Brennblase		5 =	— =	— =
14) der Verschluß am Ausgange der Schlange		6 =	— =	— =
15) die Druckpumpe mit 5 zöllig. Stiefel zum Füllen des Vorwärmers		65 =	— =	— =
16) der Dampfcylinder 7 Fuß lang, $2\frac{5}{6}$ Fuß im Durchmesser weit, mit einer Feuerröhre, circa 1200 Pfd. schwer; à 14 Sgr. $4\frac{1}{2}$ Pf.		574 =	— =	— =
17) das Sicherheitsventil auf demselben		6 =	— =	— =
18) das Luftventil auf demselben		5 =	— =	— =
19) der Wasserregulator (Schwimmer u. s. w.)		20 =	— =	— =
Latus		1964 Thlr.	6 Sgr.	10 Pf.

	Transport	1964 Thlr.	6 Sgr.	10 Pf.
20) der Dampfmesser		10 =	— =	— =
21) eine Druckpumpe mit 3 zöll. Stiefel zum Füllen des Dampfcylinders		40 =	— =	— =
22) 60 Stück Schrauben à 5 Sgr.		10 =	— =	— =
	Summa	2024 Thlr.	6 Sgr.	10 Pf.

B. Bei einem täglichen Betriebe von 3 Wispeln Kartoffeln.

1) Die beiden Blasen jede von 1000 bis 1100 Quart Inhalt, zusammen circa 1150 Pfd. schwer; a Pfd. 13 Sgr. 1½ Pf. . . .		503 Thlr.	3 Sgr.	9 Pf.
2) zwei Blasenhelme dazu à 85 Pfd.	170 Pfd.			
3) zwei Rührmaschinen in den Blasen à 45 Pfd. schwer	90 —			
4) ein Cylinder im untern Boden des Maischwärmers	75 —			
5) der Maischwärmer selbst von 750 Quart Inhalt	800 —			
6) der Maisch- und Lutterhahn nebst Rührmaschine am Vorwärmer	100 —			
7) drei Becken über dem Vorwärmer à 280 Pfd.	840 —			
Latus	2075 Pfd.	503 Thlr.	3 Sgr.	9 Pf.

Transport	2075 Pfd.	503 Thlr.	3 Sgr.	9 Pf.
8) eine große Schlange	180 Pfd.			
9) eine Probeschlange, und die Röhren von und nach den Becken und zum Füllen, wie oben ad A. Pos. 9. 10. 11 und 12. mit zusammen . . .	95 —			
zusammen circa	2350 Pfd.			
und pro Pfd. incl. aller Nebenarbeiten 14 Sgr. 4½ Pf. . .		1126 Thlr.	1 Sgr.	3 Pf.
10) Das Luftventil im Blasenhelme, der Verschluß, und die Druckpumpe zum Füllen des Vorwärmers, wie Pos. 13. 14 u. 15. ad A.		76 =	— =	— =
11) der Dampfcylinder 8 Fuß lang, 2⅚ Fuß im Durchmesser weit, mit einer Feuerröhre, circa 1400 Pfd. schwer; à 14 Sgr. 4½ Pf. .		670 =	25 =	— =
12) das Sicherheitsventil, das Luftventil, der Wasserregulator, der Dampfmesser, die Druckpumpe und 60 Stück Schrauben, wie oben ad Pos. 17 bis incl 22. . .		91 =	— =	— =
Summa		2467 Thlr.	— Sgr.	— Pf.

C. Bei einem täglichen Betriebe von 6 Wispeln Kartoffeln.

1) Die beiden Blasen jede von 2000 bis 2200 Quart Inhalt, zusam-

men circa 2100 Pfd. schwer; à
Pfd. 13 Sgr. 1½ Pf. . . . . . 918 Thlr. 22 Sgr. 6 Pf.

2) zwei Blasenhelme dazu
90 Pfund . . . . 180 Pfd.

3) zwei Rührmaschinen in
den Blasen; à 50 Pfd.
schwer . . . . . . 100 —

4) ein Cylinder im untern
Boden des Maischwärmers . . . . . . 80 —

5) der Maischwärmer selbst
von 1500 Quart Inhalt 1500 —

6) der Maisch- und Lutterhahn nebst Rührmaschine am Vorwärmer 120 —

7) drei Becken à 330 Pfd. 990 —

8) eine große Schlange 220 —

9) eine Probeschlange und
die Röhren von und nach
den Becken und zum Füllen, ähnlich wie vorher 100 —

zusammen circa 3290 Pfd.

und pro Pfd. incl. aller Nebenarbeiten 14 Sgr. 4½ Pf. . . . 1576 = 13 = 9 =

10) das Luftventil im Blasenhelme,
der Verschluß und die Druckpumpe zum Füllen des Vorwärmers, wie ad A. Pos. 13.
14 und 15. . . . . 76 = — = — =

Latus 2571 Thlr. 6 Sgr. 3 Pf.

Transport	2571 Thlr.	6 Sgr.	3 Pf.
11) der Dampfcylinder 11 Fuß lang, $3\frac{1}{4}$ Fuß im Durchmesser weit, mit einer Feuerröhre, circa 2000 Pfd. schwer; à Pfd. 14 Sgr. $4\frac{1}{2}$ Pf.	958 „	10 „	— „
12) das Sicherheitsventil, das Luftventil, der Wasserregulator, der Dampfmesser und die Druckpumpe, wie ad A. Pos. 17. 18. 19. 20 und 21.	81 „	— „	— „
13) 100 Stück Schrauben à 5 Sgr.	16 „	20 „	— „
Summa	3627 Thlr.	6 Sgr.	3 Pf.

Unter den ad A. B. und C. berechneten Kosten sind die kupfernen Röhren zur Leitung der Maische von den Maischbottigen nach der Druckpumpe und von dieser nach dem Vorwärmer, ingleichen die Dampf- und Wasserleitungsröhren u. s. w. nach den verschiedenen Gebrauchsstellen nicht mit begriffen, weil deren Länge von der Localität abhängt und in jedem einzelnen Falle besonders berechnet werden muß. Dabei kann zum Anhalt dienen, daß:

a) ein laufend. Fuß 3 Zoll weite Röhre circa 3 Pfd. wiegt und zu 14 Sgr. $4\frac{1}{2}$ Pf. pro Pfd. 1 Thlr. 13 Sgr. $1\frac{1}{2}$ Pf.

b) ein laufend. Fuß $1\frac{1}{2}$ Zoll weite Röhre circa $1\frac{1}{3}$ Pfd. wiegt und zu 14 Sgr. $4\frac{1}{2}$ Pf. pro Pfd. . . . . 19 Sgr. 2 Pf.

und c) ein laufend. Fuß $1\frac{1}{4}$ Zoll weite Röhre circa $1\frac{1}{8}$ Pfd. wiegt und zu 14 Sgr. $4\frac{1}{2}$ Pf. pro Pfd. 16 Sgr. 2 Pf. kostet.

Anmerk. 1. Wird die Maische aus den Maischbottigen nicht direct mit kupfernen Röhren und einer

Druckpumpe nach dem Vorwärmer geführt, sondern in hölzernen Rinnen erst nach einem besondern Maisch-reservoir geleitet und von hier mit einer gewöhnlichen hölzernen Saugpumpe in den Vorwärmer gehoben, so fallen die bei den Kupferschmiedearbeiten in A, B und C für die Druckpumpe mit 65 Thlr. ausgeworfenen Kosten aus; eben so bleiben dann die damit in Verbindung stehenden oben bemerkten kupfernen Leitungsröhren weg.

Anmerk. 2. Werden alte unbrauchbare Brennerei-Geräthe auf die Lieferung neuer angegeben, so nimmt der Kupferschmidt die kupfernen mit 8¾ Sgr. pro Pfund und die von Messing mit 6¼ Sgr. pro Pfund an.

1.

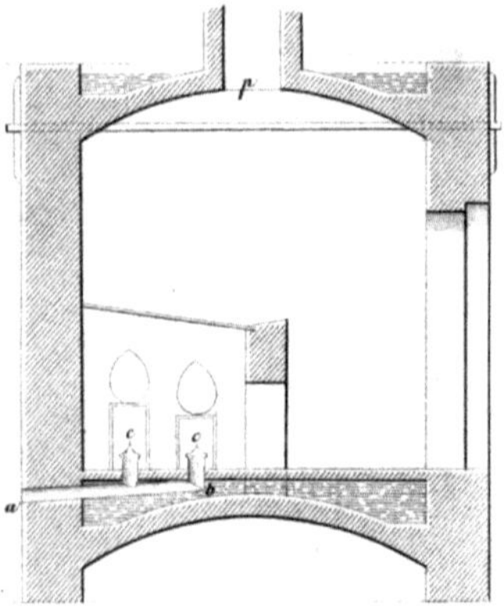

2.

4.

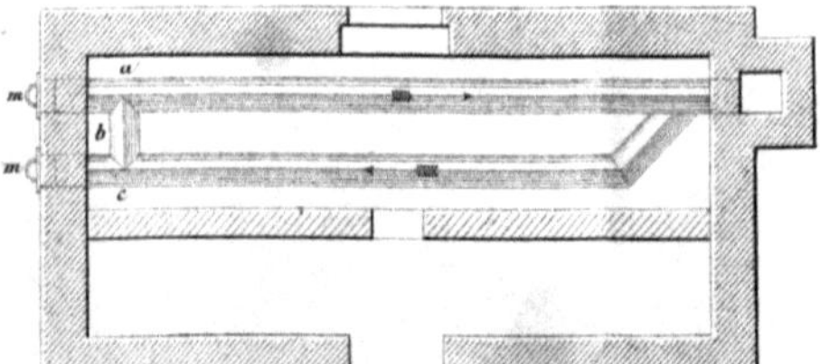

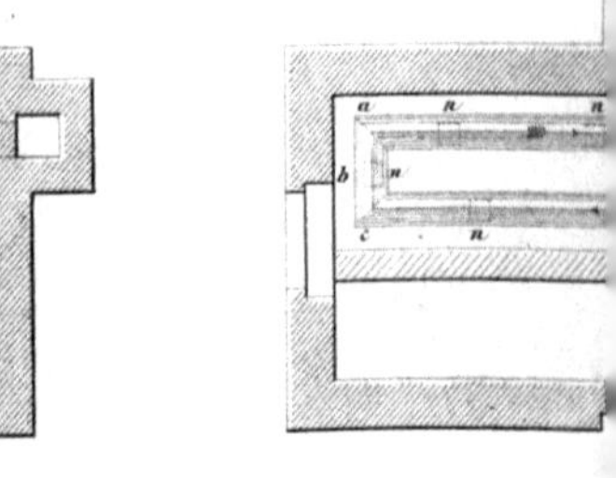

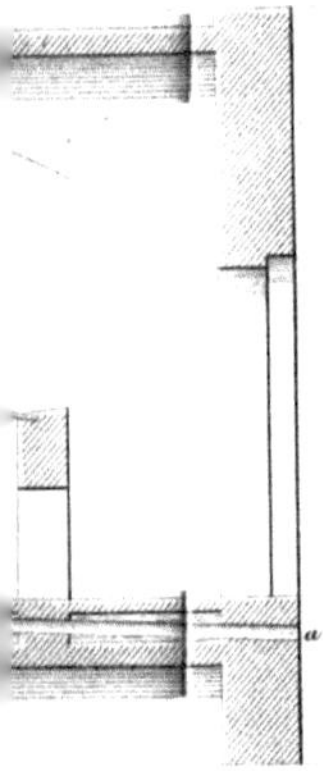

3.

10 Fuss

6.

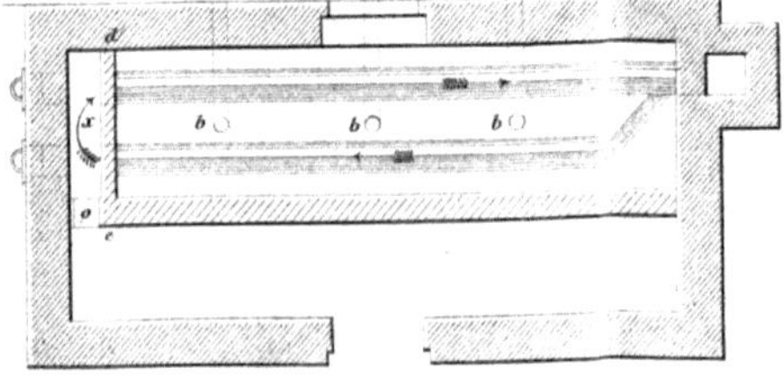

20 30 Fuss

11.

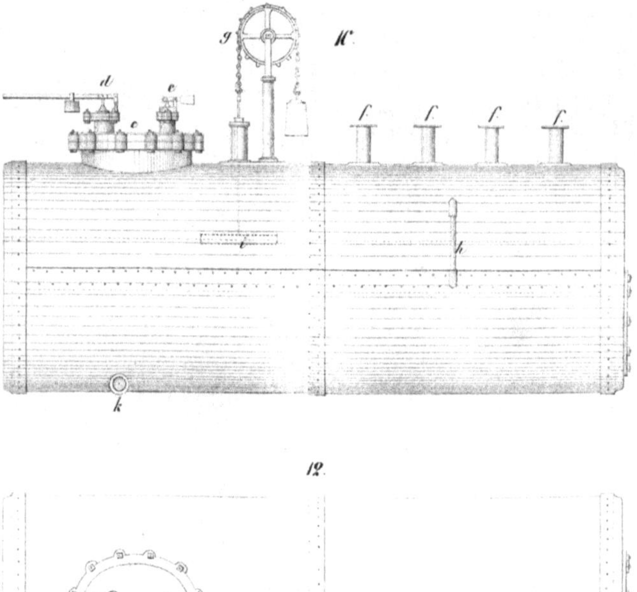

12.

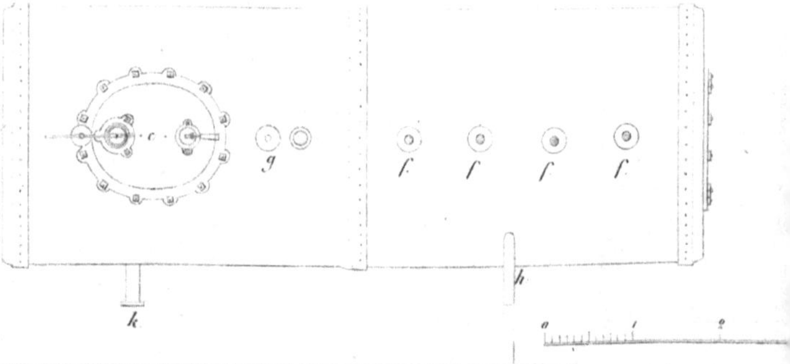

11.

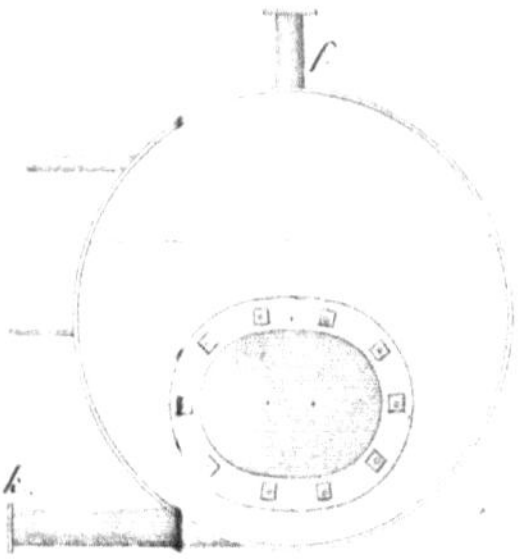

7.

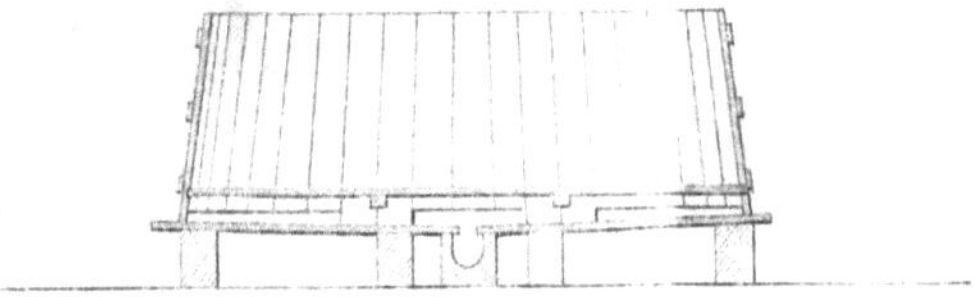

9.

8.

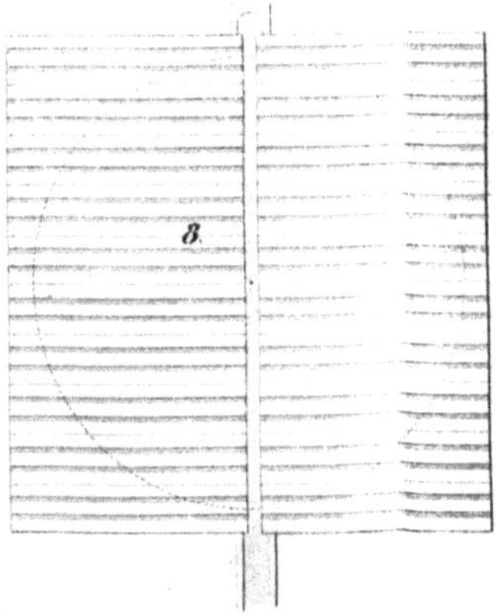

16.

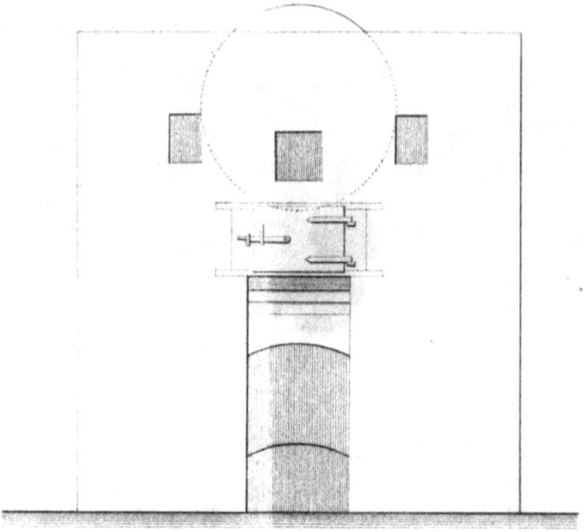

13.

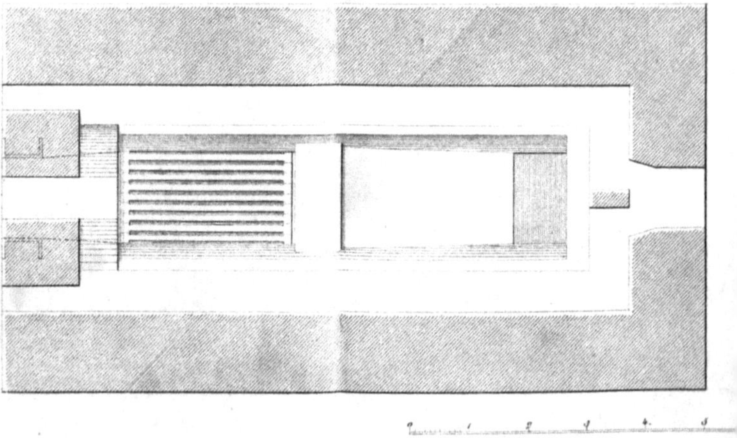

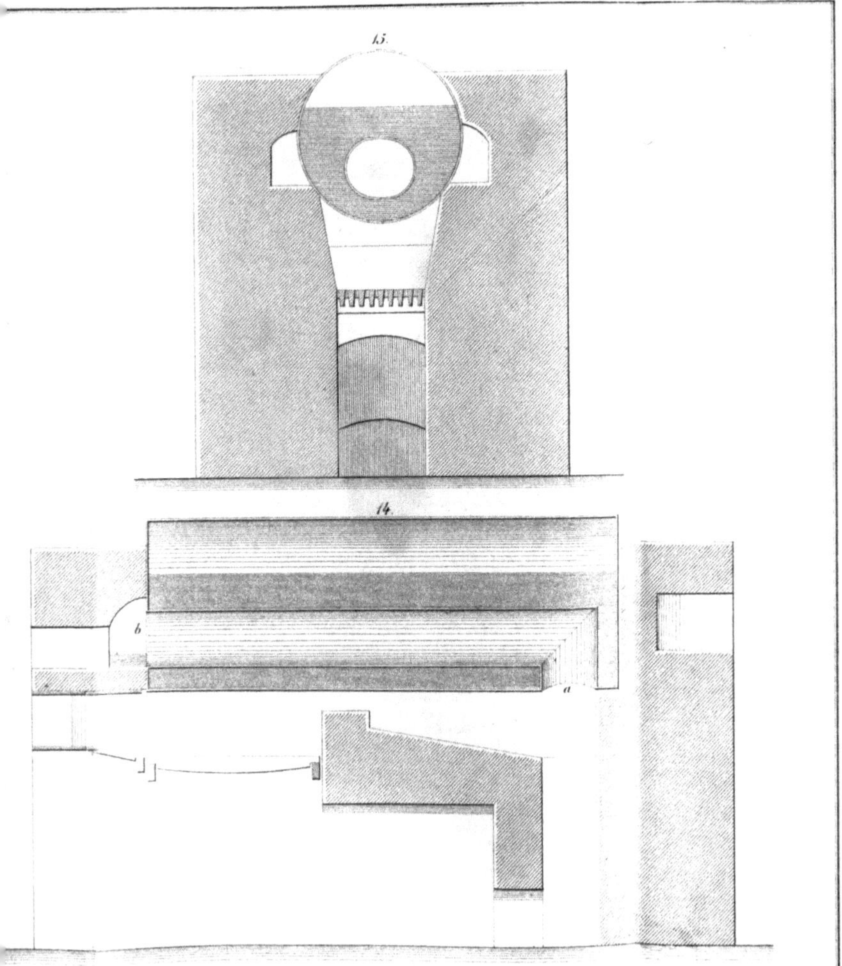
13.
14.
b
a
7
8
9
10
11
12 Fuss

17.

19.

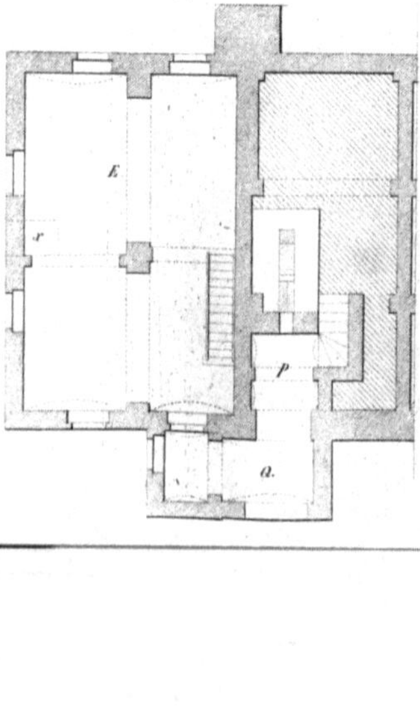

20

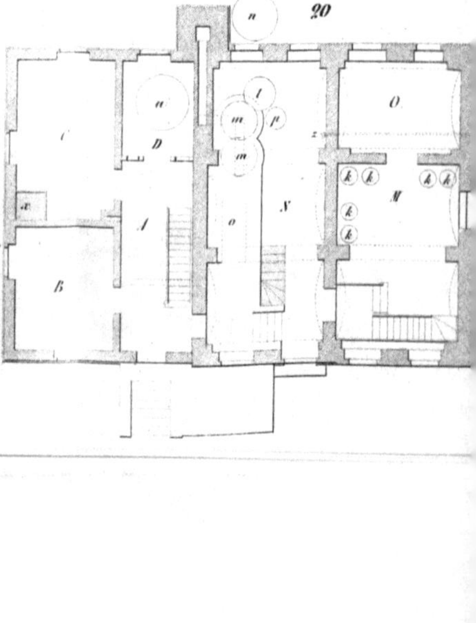

18.

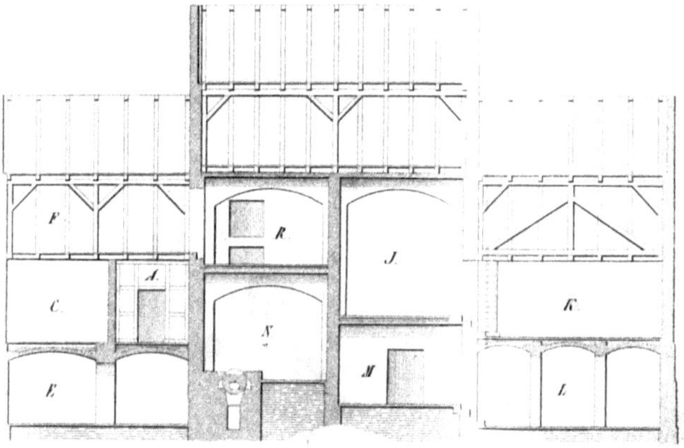

21

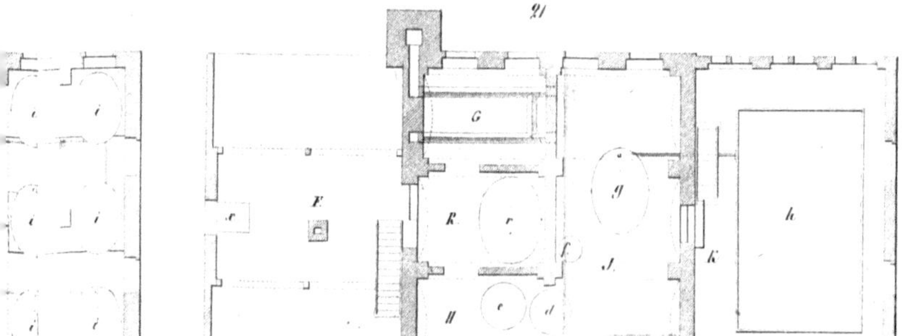

FSC
www.fsc.org
MIX
Papier | Fördert
gute Waldnutzung
FSC® C083411

Kolibri 360 GmbH
Ferdinand-Jühlke-Straße 7
99095 Erfurt, Deutschland
produktsicherheit@kolibri360.de